ANNUAL REPORT ON
CULTURAL RELICS AND ARCHAEOLOGY

文物考古年报

2021

河南省文物考古研究院 编著

黄河水利出版社
郑 州

图书在版编目（CIP）数据

文物考古年报．2021/ 河南省文物考古研究院编著；
刘海旺主编．-- 郑州：黄河水利出版社，2022.12
ISBN 978-7-5509-3472-6

Ⅰ. ①文…　Ⅱ．①河…②刘…　Ⅲ．①文物－考古－中
国 -2021- 年报Ⅳ①K87-54

中国版本图书馆 CIP 数据核字（2022）第 244145 号

策划编辑：王建平　　　电话：0371-66024993　　　E-mail：1360300540@qq.com

出版社：黄河水利出版社　　　网址：www.yrcp.com
地址：河南省郑州市顺河路黄委会综合楼 14 层　　　邮政编码：450003
发行单位：黄河水利出版社
发行部电话：0371-66026940、66020550、66028024、66022620（传真）
E-mail：hhslcbs@126.com
版式设计：河南莺鸣轩文化传播有限公司
承印单位：郑州印之星印务有限公司
开本：787mmx1092mm　1/16
印张：10
字数：200 千字
版次：2022 年 12 月第 1 版　　　印次：2022 年 12 月第 1 次印刷

定价：96.00 元

《文物考古年报2021》
编辑委员会

目录

CONTENTS

壹

概述

ONE

概 述

2021年，我院在省文化和旅游厅、省科技厅和省文物局的领导下，认真学习贯彻习近平总书记对考古工作的重要指示精神，务实进取，完成了年初制定的各项工作阶段目标和任务。现将本年度工作概要总结如下。

一、全面加强党建，认真开展党史学习教育活动

本年度在省文化和旅游厅党组的领导下，院党总支组织全体党员干部深入贯彻党的十九大、十九届二中、三中、四中、五中及六中全会精神，持续深入贯彻学习习近平新时代中国特色社会主义思想、习近平总书记系列重要讲话精神，落实全面从严治党责任目标，加强思想政治学习，履行党建主体责任，落实意识形态工作责任制。

对照中央、省委及厅党组关于开展党史学习教育的有关要求，认真开展党史学习教育工作。向全体干部职工发放了党史学习教材，开展了微型党课比赛、专题座谈会、专题党课、参加党史学习教育培训班及党支部专题组织生活会等一系列党史学习教育活动。

二、积极做好配合基本建设考古工作

为服务好经济社会发展大局，2021年度我院积极做好配合省内铁路、公路、水利、天然气管道等重点建设工程和城市基本建设工程的抢救性文物保护工作。截至目前，已经完成郑洛高速公路等35个项目的文物调查工作，调查线路长度合计约2610千米；完成漯河市经济技术开发区等26个项目的文物保护区域评估工作，完成区域评估面积270平方千米；开展主动性考古发掘项目13项，考古发掘面积14000平方米；开展抢救性考古发掘项目189项，发掘面积11万余平方米，发掘古墓葬3000余座。

三、聚焦重大学术课题，有序开展重大考古项目

我院承担开展了"考古中国•夏文化研究"课题中的登封王城岗遗址、禹州瓦店遗址、巩义稍柴遗址、新密古城寨遗址及叶县余庄遗址，"考古中国•中原地区文明化进程研究"

课题中的灵宝北阳平遗址、渑池仰韶村遗址及南阳黄山遗址等的考古发掘与研究工作，同时对郑州小双桥遗址、汝州张公巷瓷窑址、开封州桥及附近汴河遗址等大遗址开展了考古工作。这些工作均取得了阶段性成果。

四、加强文物科技考古与科技保护工作

我院动物考古、体质人类学、稳定同位素、环境考古、植物及寄生物考古实验室按期完成郑州小双桥、登封王城岗、叶县余庄、南阳黄山、禹州瓦店、灵宝五帝及新密古城寨等多处遗址的科技考古工作。

河南省文物科技保护中心编写并通过评审保护方案4项，编写并上报保护方案8项。实验室完成近300份文物样品检测分析；完成大场景三维扫描面积3000平方米；完成鹤壁辛村遗址等5处重要考古发掘工地的现场保护提取工作。对大同云冈石窟、信阳潢川、南阳黄山、灵宝北阳平及淮阳平粮台等数十处考古现场及出土的漆木器、陶器进行提取及修复保护。完成焦作、濮阳、汝州、唐河等地青铜器、瓷器等文物保护修复项目。与四川省文物考古研究院、云冈研究院和西藏自治区布达拉宫管理处开展重大科研合作。

五、开展纪念“考古百年”系列活动

2021年是仰韶文化发现和中国现代考古学诞生100周年，具有重要的纪念意义，我院与相关单位、媒体联合承办了“中国考古百年”“河南百年考古”“一眼越千年，文物看河南”等一系列宣传活动，中共河南省委宣传部新闻处在《河南新闻阅评》中给予了高度评价。我院参与承办的以纪念“仰韶文化发现和中国现代考古学诞生100周年”为主题的第三届“中国考古学大会”开幕，中共中央总书记、国家主席、中央军委主席习近平发来贺信。

六、做好考古资料整理研究，办好学术期刊《华夏考古》

继续进行郑韩故城、汝州张公巷瓷窑址、郑州小双桥、鹤壁辛村、南阳黄山等数十处遗址出土资料的整理。

完成文物入库登记共计7000余件。文物外展（借）完成河南博物院、郑州博物馆、三门峡庙底沟博物馆12家单位19批次借展工作，共计点交文物4000余组/件。

学术期刊《华夏考古》截止 12 月底，保质出版了 2021 年 1 ～ 6 期杂志，并在第 3 期和第 4 期分别刊发两组专稿纪念中国考古学诞生 100 周年、纪念著名考古学者安金槐先生诞辰 100 周年。

七、科研成果与所获荣誉

持续进行和完成夏文化专项济源庙街遗址等 7 项国保单位与省保单位大遗址的考古钻探和调查工作，完成《河南省大运河文化遗产保护传承专项实施规划》等 9 项文物保护规划编制，均取得重要发现或进展。

出版《三门峡庙底沟》《荥阳鲁庄墓地》《高勒毛都 2 号墓地 2017—2019 中蒙联合考古报告》《河南省文物考古研究院藏黄河碑拓精粹》等学术研究、考古报告等著作，全院研究人员在《华夏考古》等期刊杂志发表考古简报、研究文章等共计 50 余篇。

淮阳时庄遗址入选 2020 年度全国十大考古新发现、2020 年度河南省五大考古新发现。

八、严格疫情防控，做好防汛减灾，加强安全保卫，确保全年安全无事故

根据疫情防控常态化要求，我院始终将防控工作放在首位，各工作站、考古发掘工地加强出入安全监管，人员出行追踪管理，主体责任落实，守住安全底线。全年我院及各工作站、考古发掘工地无疫情发生。

2021 年 7 月，河南省遭遇极端强降雨天气，多地出现罕见持续强降水天气过程。我院加强总体防护，做好防汛物资储备，切实加强各站点与考古发掘工地应急处置，切实保障文物安全，各发掘工地灾后迅速完成复工。

根据我院年初安全工作计划安排，积极开展安全隐患排查检查治理工作，多次开展安全教育、消防演练活动，提高全员安全生产意识和消防安全技能。确保全年生产、生活安全无事故。

贰

大遗址考古项目

TWO

登封王城岗遗址

王城岗遗址位于登封市告成镇与八方村之间、颍河与五渡河交汇的台地上，遗址总面积约 50 万平方米。此前的考古工作发现了东、西小城和带护城壕的龙山晚期大城，并发现奠基坑、青铜器残片、玉器、文字、祭祀坑、玉石琮和白陶器等重要遗存。学术界一般认为王城岗城址是禹都阳城。

2021 年，王城岗遗址考古发掘面积 800 平方米，普探面积 15 万余平方米。截至 2021 年底，已清理煤山文化、二里头文化、二里岗文化、东周、汉、唐宋和明清等不同时期的各类遗迹 735 个。出土了大量精美的陶器、石器、骨器和蚌器等，另有少量煤山文化的玉器。采集了大量环境、植物、动物及年代等方面的科技考古学样品。

其中，F5 是首次在二里头时期高等级聚落中发现的小型石器作坊遗存，出土石制品较多且多数为半成品和坯料，以生产火山碎屑岩石凿为主，具有完整的石凿生产操作链。

根据 2021 年的发掘可以判定，2020 年发现的“夯土”不晚于王城岗遗址煤山文化第三期。2021 年发现的煤山文化和二里头文化遗存，为揭示有夏一代王城岗聚落的家户类型变化、城邑组织形态与社会结构提供了新材料。

登封王城岗遗址煤山文化窖藏坑中发现的精美器物

登封王城岗遗址煤山文化房址中发现的部分陶器

F5 ②：12 石凿半成品

F5 ②：15 石锛半成品

F5 ②：54 石凿半成品

F5 ②：59 石凿半成品

F5 ⑤：1 石铲

石铲初坯

登封王城岗遗址二里头文化时期制石作坊发现的器物

（执　笔：马　龙）

禹州瓦店遗址

为推动“考古中国·夏文化研究”项目的实施，2021年3～12月，河南省文物考古研究院对禹州瓦店遗址进行了考古发掘，发掘面积1200平方米。

发掘区域分别位于瓦店遗址东南台地东高岗区域、G11东南段和G9中部。东高岗区域主体遗存年代属于龙山文化晚期，遗迹类型有房址、灰坑、墓葬、瓮棺和灰沟等，出土玉虎首、骨笄、石铲、红陶鸟、陶鬶、白陶残片和陶鼎等各类材质的遗物两千余件(套)。房址的房基由纯净黄土反复铺垫、使用而成，在使用中逐渐形成了西北—东南向条状台地，台地两侧是相对低洼的公共活动空间。勘探与发掘表明，东高岗区域存在多排并列分布的垫土台地。G11宽30～40米，深7.50米，西北—东南走向，内侧有城墙。城墙残长约314米，残高0.50～0.70米，剖面形状上窄下宽。墙壕相接处有护坡，曾经多次修筑。墙体与护坡的主要建筑方式为堆筑。G9为汉代水利设施，宽约10米，深约6米。G9南北两侧的龙山文化晚期遗存，或与2020年发掘的大型祭祀遗存有关。

瓦店遗址东高岗发掘现场航拍照

瓦店遗址墓葬 M15

瓦店遗址出土玉虎首

2021 年度的发掘工作使我们进一步了解了遗址内部遗存的堆积情况，完善了聚落结构信息，城墙的发现证明瓦店遗址是颍河中游地区龙山文化晚期重要的核心聚落之一，东高岗区域的聚落信息为研究当时的社会组织管理提供了新的材料，丰富了早期夏文化的文化面貌。

（执　笔：张华贞）

开封州桥遗址

开封州桥遗址考古发掘项目位于北宋东京城州桥与御街的交汇处，今开封市中山路与自由路十字路口东南角。开封州桥遗址考古发掘工作的启动是深入贯彻落实黄河流域生态保护和高质量发展战略、大运河国家文化公园建设规划，加快推进大运河重要文物系统性保护整治工程的重要体现，是积极响应河南省委省政府关于推进黄河文化与大运河文化融合发展，全面实施开封宋都古城保护与修缮工程，建设宋都古城中轴线文化带的重大举措。

开封州桥遗址本体完成发掘面积约 1600 平方米，目前已揭露出部分州桥桥面，对桥面的铺石、铺砖及桥的方向、南北跨度（25.40 米）有了初步了解；清理出部分明末洪水遗迹，包括倒塌的房屋、砖瓦堆积及人骨遗骸，证明桥面淤没于 1642 年的洪水；清理出明代晚期结构布局清晰的金龙四大王庙，在其下部发现一座青砖券桥；清理出上层的洪水、清代中山路路面及建筑遗迹数处。在州桥东南侧区域发现了东西长 9.20 米的青砖单拱券桥，其时代要晚于州桥本体，建造时用石磨作基础，结构比较简单。

目前，州桥东南侧和东北侧均已暴露出 4 ～ 5 层桥台（金刚墙），桥台系用长条石错缝砌筑而成。东北侧桥台旁发现了散置的地袱、柱础及栏板槽石等建筑构件。经过测量，东南侧桥台雁翅向东展出 9 ～ 10 米，东北侧桥台雁翅部分遭到晚期扰动，不如东南侧完整。结合东南部雁翅情况，根据中轴对称原理，推测桥台加两侧雁翅东西总长约 50 米。

州桥东侧的汴河遗址平均发掘深度约 11 米，河道底部深度已达 13 米。南北两岸的唐宋时期河堤已经清理出来，同时清理出唐宋至明清时期的汴河河道遗存。通过考古发掘可以看出，金代汴河宽度为 25 ～ 28 米，金末汴河因洪水淤没；元代开始进行“木岸狭河”工程；明代运河的使用大致可分为早、中、晚三个时期。金元时期人们开始缓慢的侵占、填埋运河，到明代中期以后开始大规模的侵占河道，在河道之上修建房屋建筑。

州桥东侧汴河考古发掘全景（上北下南）

汴河河道西侧剖面（左南右北）

（执　笔：周润山）

汝州张公巷瓷窑址

张公巷瓷窑址位于汝州市老城区东南部中大街北侧、张公巷东西两侧，是继河南宝丰清凉寺汝窑遗址后又发现的一处官窑。

2021 年度汝州张公巷瓷窑址考古发掘面积达 3000 余平方米，出土了大量的青瓷器。其中青釉八卦炉（T0610H813 ：33）、青釉暗刻龙纹葵口盘（T0610H813 ：15）和青釉五行镂孔熏炉盖（T0514H754 ：5）这 3 件器物，为以往发掘所不见。它们的主要特点是均含有道教和皇家元素，这为研究张公巷窑的性质和年代提供了新的材料。

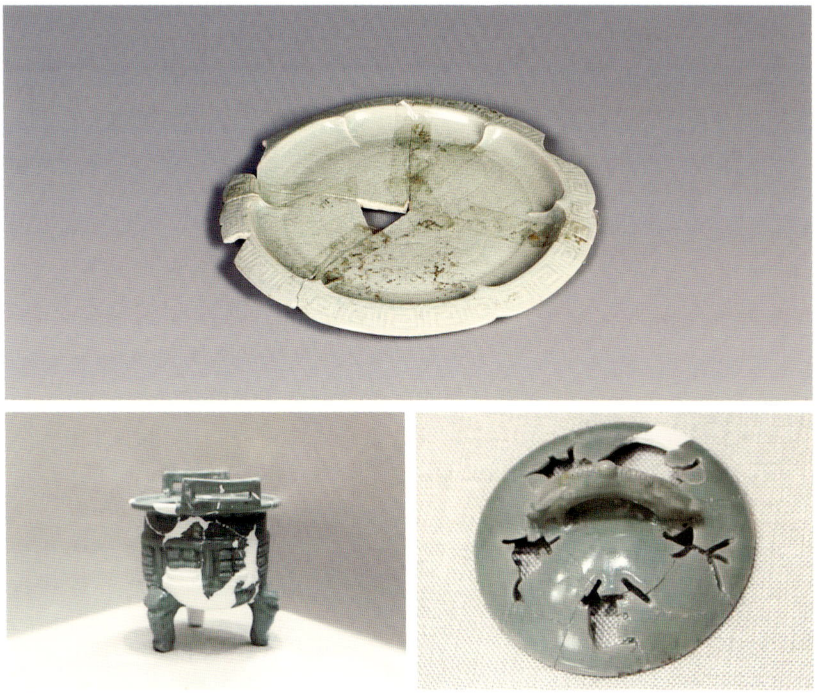

汝州张公巷出土青瓷器

（执 笔：赵文军）

叁

课题性考古项目

THREE

汝州地区旧石器考古调查项目

2021 年 3 ～ 6 月、10 ～ 12 月，河南省文物考古研究院联合汝州市文物局在汝州浅山地区开展了系统的旧石器洞穴考古调查，完成调查面积约 700 平方千米。新发现洞穴 23 处、旧石器地点 5 处，其中，温泉遗址是此次调查新发现的一处重要的旧石器时代遗址。

温泉遗址位于平顶山市汝州市温泉镇，发现了手斧、薄刃斧、巨型石片、石核和砍砸器等 100 余件石器。地层中出土的 1 件鹿牙经铀系测年法测定，结果显示为距今约 7 万年。另通过动物化石、石器技术、组合特征、风化程度及与周边遗址的对比等，初步判断温泉遗址属旧石器时代中期的可能性较大。温泉遗址的文化层处于牛涧河古河道的砂砾石层中，为典型的河漫滩相。遗址中发现的手斧、薄刃斧等阿舍利技术体系的石器在中原地区乃至全国也较为罕见，为研究我国南北方旧石器工业技术体系、阿舍利技术传播与演变等重大学术问题提供了极其重要的材料。更为重要的是，遗址时代正处于现代人起源的关键阶段，对我国现代人起源研究具有十分重要的意义。

汝州地区调查发现的洞穴和旧石器地点

温泉遗址发现的石器

（执　笔：赵清坡）

鲁山仙人洞遗址

鲁山仙人洞遗址位于平顶山市鲁山县观音寺乡西陈庄村石门沟组，分大、小两个洞，是一处旧石器时代中晚期洞穴遗址。

2021 年 4 ～ 6 月，河南省文物考古研究院联合平顶山市文物局、鲁山县文物保护管理所对仙人洞 I 号洞进行了抢救性考古发掘，发掘面积 10 平方米。地层厚约 2.58 米，共分 8 层，遗物主要集中在第①、②、⑤层。考古出土人牙、头骨断块和大量动物碎骨、牙齿及石制品。

根据碳 14、铀系测年法及古人类学的综合分析，人牙测年的年代多集中在距今 0.5 万～ 0.3 万年。其中 1 件古人类头骨断块经铀系测年法测定，所处时代至少距今 3.2 万年，是目前河南省已知年代最早的早期现代人化石。

经鉴定动物骨骼包括普氏原羚、普通马和山羊等 22 种，未发现灭绝种，属晚更新世晚期北方动物群，碳 14 测年为距今 4 万～ 3 万年。

遗址出土石制品 14 件，包括石片、刮削器和断块，剥片方式为锤击法，属中国北方传统石片工业范畴。

距今 5 万～ 3 万年是现代人扩散及行为出现、发展的关键阶段，这一阶段发现的古人类化石极少。以往研究表明，中原地区这一阶段已有繁荣的旧石器文化，证明中国旧石器文化发展连续，但缺乏最为直接的人类化石证据。鲁山仙人洞遗址内集中保存了特定时期不同阶段人群活动的证据，人类头骨化石的发现，填补了中原地区这一阶段人类演化的空白，对中国现代人起源、演化研究具有重大意义。

仙人洞遗址位置图（下图：北—南）

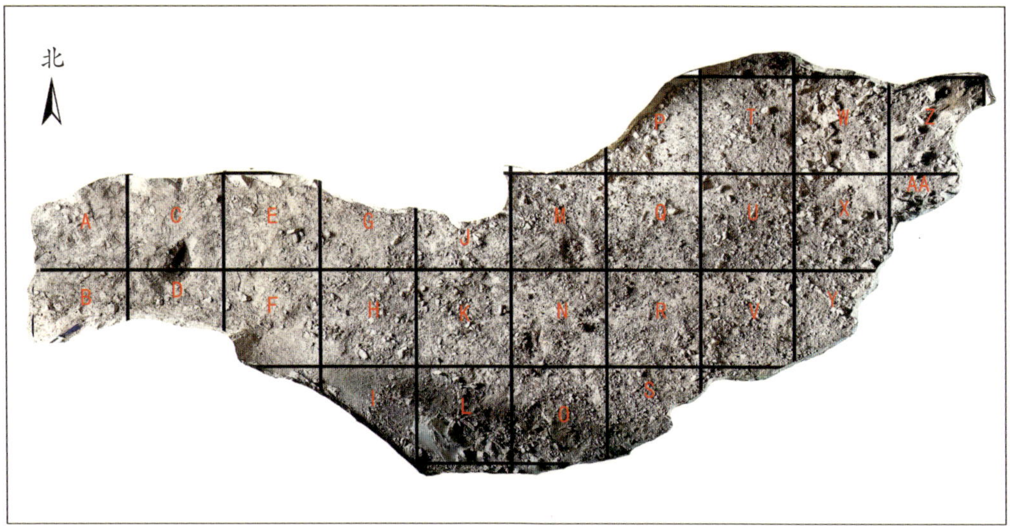

仙人洞地表正射影像图

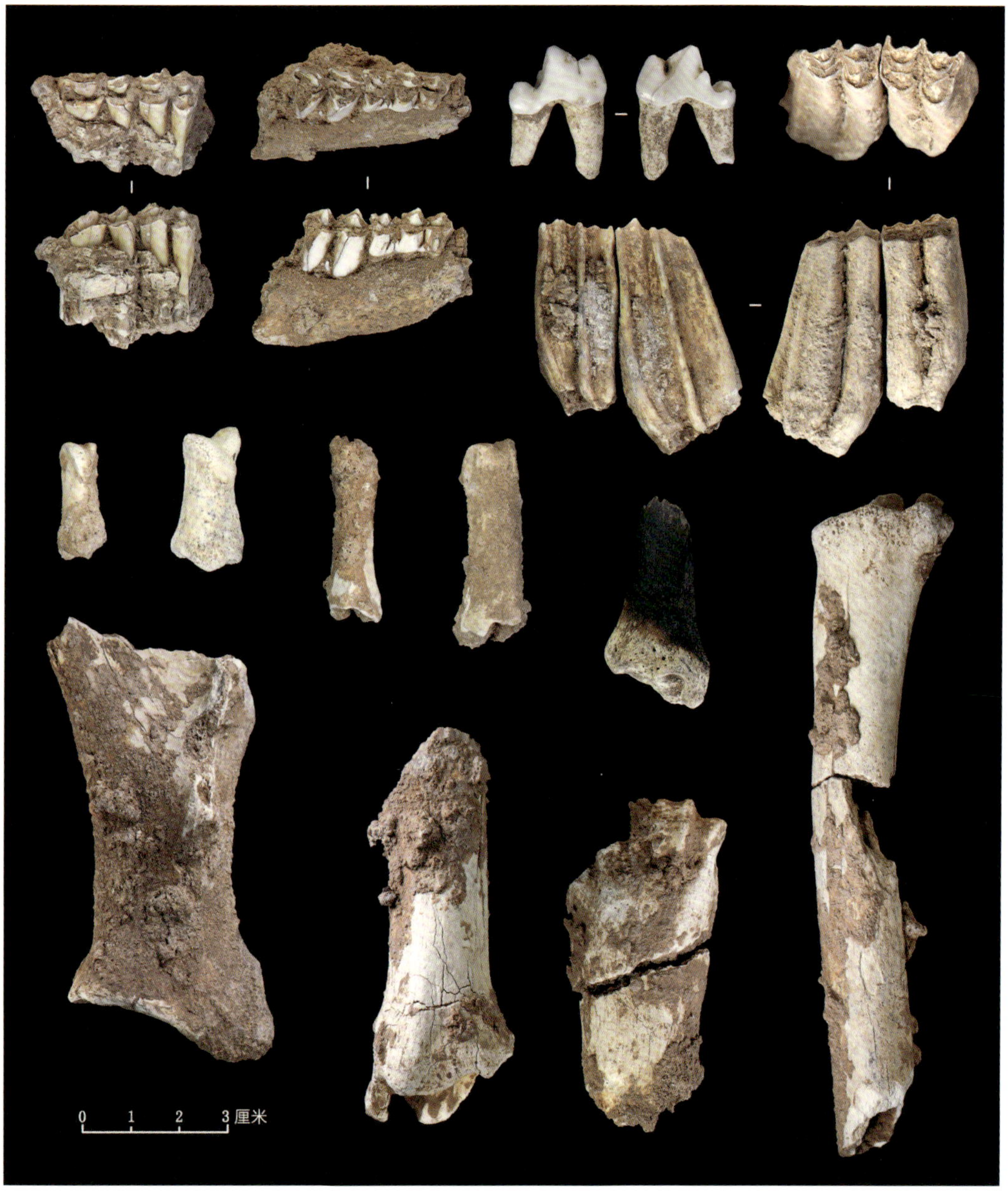

仙人洞遗址部分动物化石

仙人洞遗址部分人类头骨断块

仙人洞遗址石制品

（执　笔：赵清坡）

仰韶村遗址第四次考古发掘项目

2021 年 1 ～ 12 月，为深入挖掘黄河文化内涵，实施“考古中国·中原地区文明化进程研究”项目，河南省文物考古研究院联合三门峡市文物考古研究所、渑池县文旅局、郑州大学历史学院、河南大学历史文化学院及河南师范大学历史文化学院等单位继续对仰韶村遗址进行第四次考古发掘工作。

仰韶村遗址第四次考古发掘 2021 年度发掘面积为 400 平方米，主要对遗址中部的壕沟和南部的生活居住区进行发掘。发现遗迹较为丰富，包括房址 5 座、墓葬 2 座、大型灰坑葬 1 座、窖穴 15 座、壕沟 4 条、灰沟 10 条、冲沟 1 条、道路 5 条、灶 4 座和灰坑 300 多座。出土一大批文化遗物，包括陶器、玉器、石器、骨器和蚌器等，另有大量青灰色“混凝土”等房屋建筑遗存。遗存年代分属仰韶文化早期、中期、晚期，庙底沟二期文化和龙山文化时期。在遗址中部新发现 3 条大型人工壕沟，方向均为西北—东南向，年代为仰韶文化中期和龙山文化时期。在生活居住区新发现仰韶文化时期大型房屋建筑，平面形状呈方形或长方形，有夯土围墙和隔间。因发掘面积较小，建筑尚未完全揭露，推断其面积应在 100 平方米以上。

多学科研究亦有新发现，在仰韶和龙山时期人骨土样样品中检测到丝绸残留信息，在仰韶时期尖底瓶残留物中发现有谷物发酵酒等。青灰色房屋建筑遗存检测结果显示，仰韶时期先民已经使用以烧料礓石加黏土为胶凝材料，以烧制的陶质颗粒为骨料，具备一定水凝性的“混凝土”作为建筑材料。丝绸和谷物发酵酒等的发现，反映出仰韶文化时期仰韶村遗址史前社会已经有了较高程度的发展。

仰韶村遗址第四次考古发掘极大丰富、深化了我们对仰韶村遗址内涵和面貌的了解和认识，对研究该遗址及豫西地区仰韶文化时期社会复杂化和文明化进程等均具有重要意义：仰韶文化大型房屋建筑为仰韶村遗址首次发现，为研究仰韶村遗址建筑形制、技术等提供了新材料。仰韶文化和龙山文化时期大型人工壕沟的发现，对研究该遗址聚落形态发展演变具有重要意义。

（执　笔：李世伟 魏兴涛 张　凤 张小虎 郑立超 侯建星）

仰韶村遗址第四次发掘探沟照片（左北右南）

仰韶村遗址第四次发掘现场照片（上南下北）

南阳黄山遗址

黄山遗址位于南阳市东北部卧龙区蒲山镇黄山村南，白河西岸，是目前南阳盆地已发现的新石器时代最大的中心性遗址。遗址面积达 30 余万平方米，仰韶、屈家岭、石家河早期玉石器生产特色突出，是“考古中国——长江中游文明化进程研究”重点项目。

2021 年 1 ～ 12 月，河南省文物考古研究院联合南阳市文物考古研究所继续对黄山遗址进行主动性考古发掘和勘探调查工作。勘探确定遗址与独山间的自然河流 1 条、古玉石矿地点 2 处，明晰了遗址玉石器资源供给体系，并探明张小凹和高河头遗址的范围与保存情况，新发现大陈庄和耿庄 2 个新石器时代遗址。

2021 年度考古发掘面积近 600 平方米，再次获得一批可视性好、具备展示利用价值的仰韶文化坊居式建筑和屈家岭文化房址、墓葬等重要发现，包括：1. 仰韶文化坊居式建筑或玉石器作坊址 18 座、富集砂石浆 4 处及玉废料坑 2 个，仰韶文化“坊居”类多单元长房存在三至五层，除具备居住生活功能外，房址主要是磨制生产玉器、石器、骨镞和骨锥的制作工坊，个别前坊中还出土了打制玉器石器；2. 屈家岭文化房址 2 座、玉石器作坊址 2 座、墓葬 67 座、陪葬坑 1 座及猪坑 9 座；3. 仰韶和屈家岭文化灰坑 51 座、瓮棺葬 67 座、人工河道与半月形码头 1 座。此外，获得了陶、骨、石和玉质等材质的文化遗物万余件，其中 M172 出土 1 束象牙质长针，疑似纺织针，更是纺织考古的重要发现。

2021 年，黄山遗址的考古发掘取得重要收获。首次在中原地区发现的史前码头遗迹，与自然河、人工河道及环壕一起构成了水路交通系统，体现出古人对水资源的重视和利用能力。遗址玉石器制作以独山玉石为资源支撑、其他地方玉材为辅助，大致存在仰韶晚期“居家式”作坊群向屈家岭时期“团体式”生产模式转变的规律，与制骨遗存一起，为探索当时手工业生产专业化和社会分工提供了重要线索。

黄山遗址发掘区全景鸟瞰（东北—西南）

黄山遗址新石器时代码头护坡（西—东）

黄山遗址仰韶文化 F30 与 F37（北—南）

黄山遗址仰韶文化 F30-1 中的
石锛、斧刀成品、半成品和骨镞

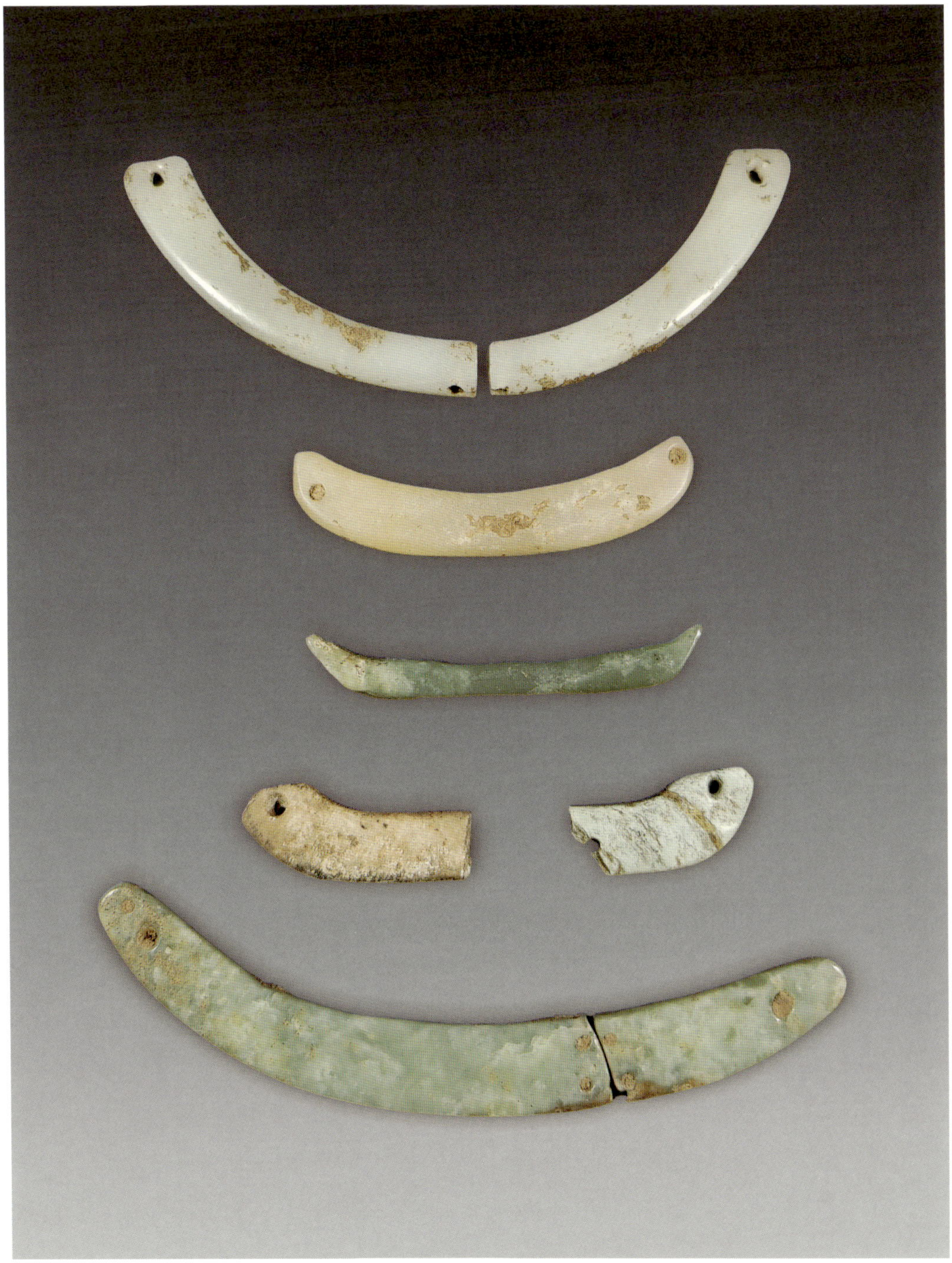

黄山遗址出土仰韶文化、屈家岭文化玉璜

（执　笔：马俊才）

北阳平遗址

为实施“考古中国·中原地区文明化进程研究”项目，河南省文物考古研究院联合中国社会科学院考古研究所、三门峡市文物考古研究所、郑州大学历史学院及灵宝市铸鼎原文物保护管理所等单位，自 2020 年 9 月开始对灵宝北阳平遗址进行考古发掘，至 2021 年 6 月，清理出 1 座大型房址 F2。

F2 开口于仰韶文化层之下，建筑形式为半地穴式，坐东北朝西南，方向 207°，平面略呈弧角方形，由房基垫土、墙体、火塘、门道、柱洞和室内居住面等组成。东西长约 14.40 米，南北宽约 14 米，含基坑建筑面积约 185.40 平方米。室内南北长 9.50 ～ 11.30 米，东西长 10.90 ～ 11.70 米，面积约 120.34 平方米。地穴部分宽 0.50 ～ 0.80 米，深约 1.10 米。

F2 底部垫土大部分借助了其下 F3 的夯筑垫土作基础，地基坚实，故其自身垫土较薄，共 2 ～ 3 层，经夯打致密。门道位于南墙中部，长方形斜坡状，南高北低，坡度 7°。根据坡度复原门道总长约 6.80 米，下部经特殊处理。火塘距离门道入口约 1.32 米，正对门道。平面呈近圆形，口大底小，斜弧壁，近平底，底部中心微下凹，口径约 1.50 米，底径 1.10 ～ 1.20 米，深约 0.58 米。火塘壁、底被火烧成青灰色硬面，火塘周围表面略高于活动面，有挡风墙类设施。室内居住面共分为 4 层，加工考究，表面坚硬平整，在第二层和第四层表面均涂朱。墙体北墙和南墙保存完整，用较纯净的灰色土或浅灰色土经层层夯打而成，近直壁，结构致密。活动面上部墙体残高 0.46 ～ 0.70 米，宽 0.44 ～ 0.67 米。房址内共发现柱洞 47 个，其中墙体内 40 个，门道处 2 个，室内 5 个，其中在西北部、东北部、东南部、西南部有 4 个大型柱洞，呈对角线分布。

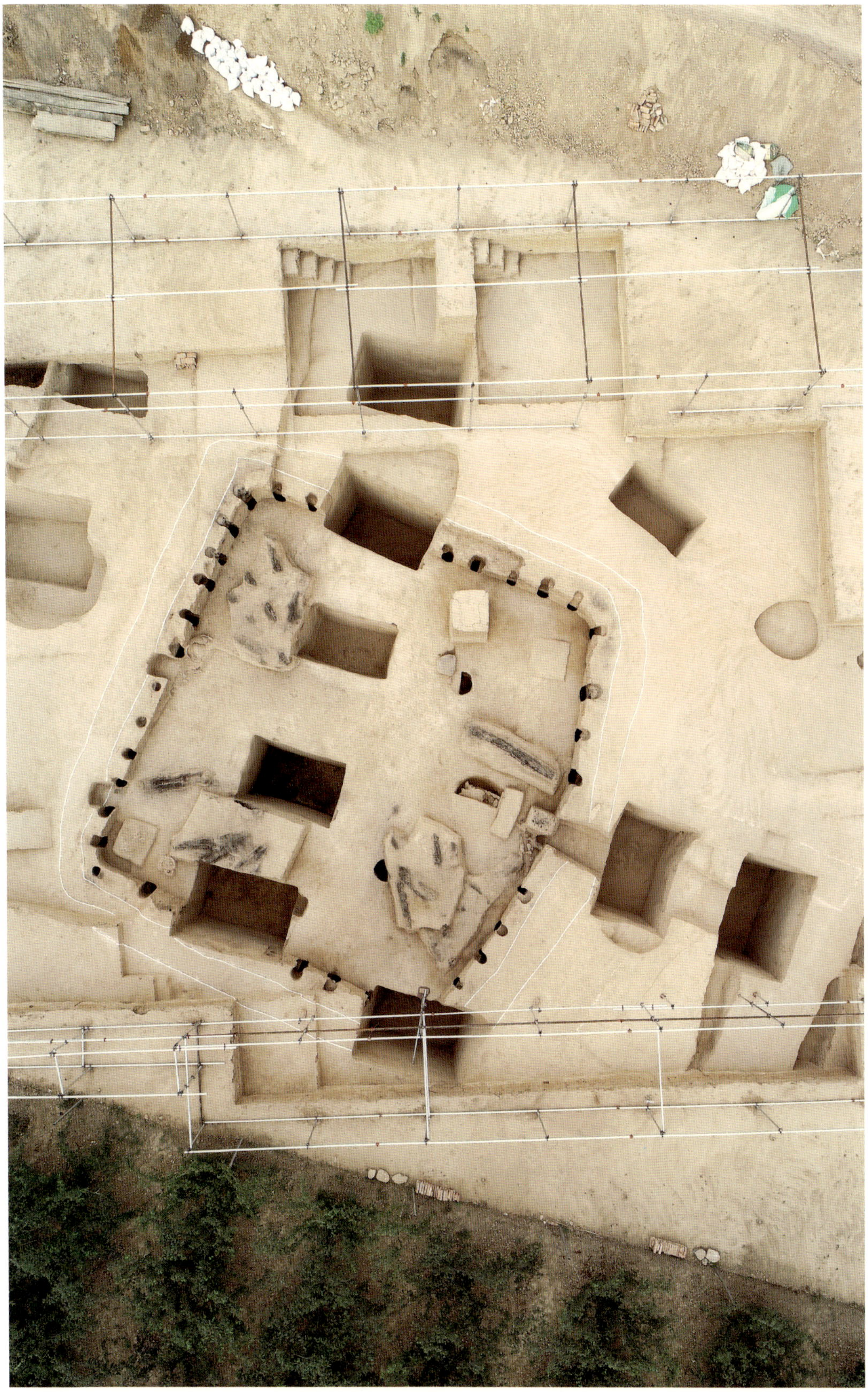

北阳平遗址仰韶文化 F2（左为北）

北阳平遗址仰韶文化 F2 东墙剖面（东北—西南）

北阳平遗址仰韶文化 F2 活动面（西—东）

北阳平遗址仰韶文化 F2 西南部炭化木斜梁（带半圆形凹槽）

从室内清理出大量被倒塌堆积掩埋的炭化木头，推测应为屋架构件。根据分布位置观察，这些炭化木构件主要分为柱、斜梁和椽木三类。根据柱洞排列方式及炭化木构件均朝向中心的现象，推测其屋顶结构为四面坡式。经鉴定，房内的炭化木构件树种主要以鹅耳栎、槲栎类为主，另有少量的麻栎类、榆属、千金榆和松属等。填土中发现有树皮，推测应以树皮铺就屋顶。房内填土堆积主要有两种：一种为废弃堆积，一种为倒塌堆积。废弃堆积较纯净，包含少量陶片、兽骨等；倒塌堆积较杂，包含大量红烧土块、炭屑和少量陶片、兽骨等。根据炭化木构件保存高度可知，废弃堆积主要在居住面之上，分别在西北部、东北部、西南部，成堆分布，且堆积水平高度不一，整体从南向北倾倒，呈南高北低状。房内出土遗物较少，主要包括陶器、石器和动物遗骸等。在房内北部和西北部靠近地面或地面之上发现有房屋倒塌时被压碎的多组可修复陶器，包括陶杯 2 件、陶盆 1 件、陶瓶 1 件和陶瓮（缸）2 件。另在填土中发现石镞 1 件。

F2 规模宏大、结构复杂、保存较完整，房址内保留有大量被失火倒塌堆积掩埋的炭化木构件，包括室内柱、檐柱、斜梁和椽木各个类型，且保存相当完好，是罕见的史前建筑遗存，对于复原屋顶结构具有重要价值，为仰韶文化中期房屋建筑的研究提供了丰富而新颖的资料。

（执　笔：魏兴涛　李晓燕）

叶县余庄遗址

余庄遗址位于平顶山市叶县盐都街道余庄村，西北距沙河约 3 千米。遗址东西长约 1600 米，南北宽约 1400 米。已有的考古工作表明，余庄遗址存续时间较长，测年数据为公元前 2400～前 2000 年。2021 年，叶县余庄遗址被列入国家文物局"考古中国·夏文化研究"重大项目。2021 年 4～12 月，河南省文物考古研究院联合地方文物部门对余庄遗址进行考古发掘，共清理墓葬、房址、灰坑和水井等遗迹 340 余处，出土铜、玉、石、陶及骨等材质器物 450 余件（套）。

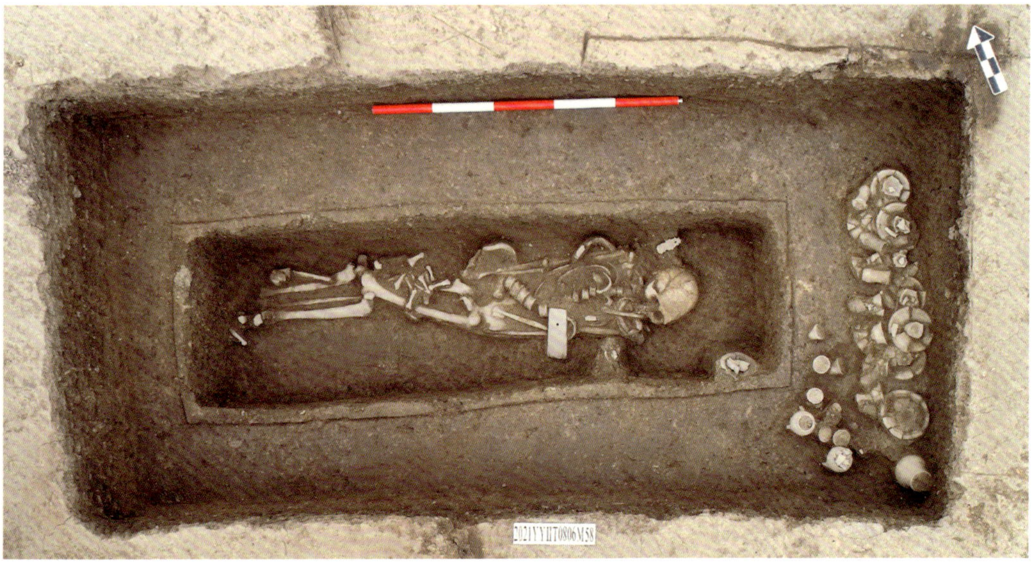

叶县余庄遗址中原龙山时期大型墓 M58

叶县余庄遗址出土中原龙山时期蛋壳陶片

余庄遗址发掘了不同等级的墓葬，发现了灰坑葬、殉葬等非正常的埋葬方式，死者的身份地位差异显著。已发现中原龙山文化墓葬65座，其中大型墓18座，其方向、面积相近，分南、中、北三组分布，间隔约30米，保存完好的均随葬30件以上的成套且摆放位置固定的陶礼器。随葬陶器均为明器，器类、器形基本一致，当是由专人烧造。大型龙山墓的发现，填补了中原龙山文化无高等级墓葬的空白。当时的权贵阶层在墓地布局、墓葬形制及随葬品等方面遵守一定的规范，已形成较为严格的墓葬等级制度，表明龙山时期中原地区已经出现了以礼制为核心的早期文明特征，复杂社会已经形成，也反映出严重的社会分化。

依据余庄遗址出土器物的类型，可知早在龙山时代，叶县地区已与周邻地区存在深入的文化交流。其中，红陶杯、陶塑、彩绘陶器（豆、高柄杯、杯、壶）及厚葬习俗，与江汉地区石家河文化类似；蛋壳陶及随葬獐牙的习俗，则近于海岱地区的龙山文化。

叶县余庄遗址规模大、等级高，是目前所见规模最大的中原龙山文化聚落之一，应是龙山文化时期豫西南地区的中心聚落。该遗址的发掘，对研究龙山时期中原地区的丧葬礼仪制度、社会复杂化、早期文明国家的形成，以及早期夏文化均具有十分重要的意义。

（执　笔：吴伟华　贾一凡）

巩义稍柴遗址

稍柴遗址位于郑州巩义市芝田镇小訾殿村东 1.50 千米处的稍柴村，北面紧临伊洛河，位于坞罗河与伊洛河交汇处的台地上。1959 年，当时的河南省文化局文物工作队在调查夏文化遗址时发现稍柴遗址。1960 年和 1963 年曾两次试掘。经初步调查和试掘，遗址东西长约 2000 米，南北宽约 500 米，总面积约 100 万平方米。文化层堆积一般厚达 3 米以上，最厚处可达 4 米。遗址文化内涵十分丰富，包含二里头文化、二里岗文化等时期遗存，以二里头文化遗存为主，核心堆积属二里头文化一期、二期、三期。

稍柴遗址考古发掘项目属“考古中国·夏文化研究”项目。2021 年度勘探面积共计约 50 万平方米，发掘面积约 500 平方米。在伊洛河南岸稍柴村北部台地上、遗址夏商遗存分布区外围发现了大型围沟。围沟东西约 380 米，南北复原长度约 520 米，合围面积超过 19 万平方米。通过发掘，可知围沟宽 8 米余，深约 3.50 米，时代最早为二里头文化时期。围沟内还出土了二里头文化时期的大型卜骨。此外，在稍柴村南和东南分别发现两处大型墓葬区。

稍柴遗址地处文献记载的夏人活动的核心地区——豫西伊洛河流域，曾出土过二里头文化时期的大型卜骨和白陶鬶。此次又发现了大型围沟与卜骨，这些均说明稍柴遗址是伊洛河下游一处二里头文化时期面积较大、等级较高且延续时间较长的聚落遗址，在夏文化研究中占有十分重要的地位。

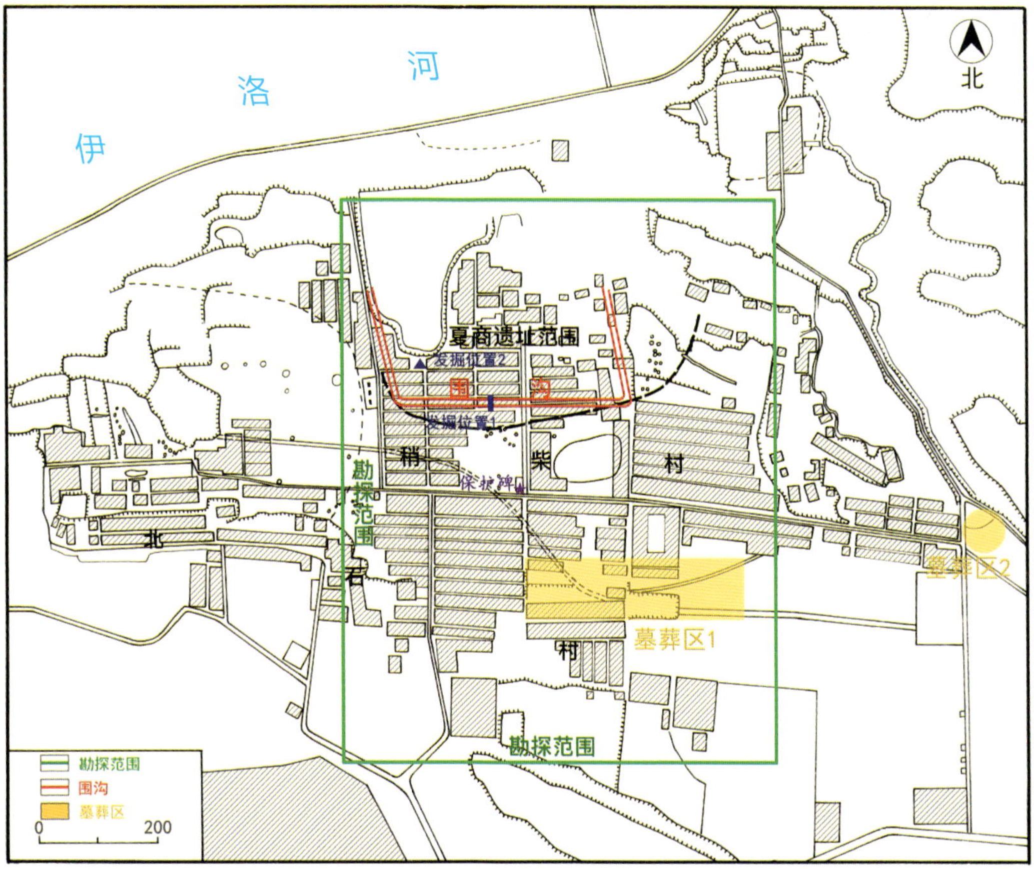

稍柴遗址 2021 年度勘探范围、重要遗迹布局及发掘位置示意图

巩义稍柴遗址围沟（G1）内出土的卜骨

（执　笔：李一丕）

淮阳时庄遗址

时庄遗址位于周口市淮阳区四通镇时庄村，是一座夏代早期的粮仓城，属“考古中国·夏文化研究”项目。2021 年新揭露面积约 500 平方米，发掘地点位于粮仓城台地的北部。

2021 年度时庄遗址考古工作的主要收获有四点。一是通过发掘确认了已探明的夯土围墙和台地的北侧边界。二是新发现了夯土围墙的北门，宽 0.84 米左右，位于东夯土围垣北墙的中部，与南部通道基本相对。三是新发现一批地面式和地上式粮仓及一座居住型排房，其中地面式粮仓 F47 基础部分保存较好，未见门道，具有封闭的围墙结构；居住型四开间排房 F38 同 2019 年度发掘的 F1 结构及建筑方式基本一致，房外东部发现倒塌的土坯垒砌墙体，十分罕见。四是通过局部探沟方式解剖发掘，结合 2019 ～ 2020 年度的基本认识，可将时庄遗址夏代早期遗存分为三个阶段：早期兼具仓储和居住功能；中期开始夯筑东、西围垣并大量建造各式粮仓，成为功能专一的粮仓城；晚期废弃，废弃的年代大致在岳石文化的二、三期。

2021 年度的发掘进一步丰富了时庄遗址夏代早期粮仓城的内涵，深化了对该聚落发展阶段和布局的认识。

时庄遗址 2021 年发掘区全景（上为北）

时庄遗址北门（上为北）

时庄遗址地面式粮仓 F47

时庄遗址居住型房址 F38 全景（上为北）

时庄遗址 F38 倒塌土坯墙（西—东）

（执　笔：曹艳朋）

肆

基本建设与抢救性考古项目

FOUR

焦作武陟保安庄遗址

保安庄遗址位于焦作市武陟县城西南 25 千米大封镇保安庄村北，地处保安庄、孟门和孔村三个自然村之间。1982 年，河南省文物研究所（现河南省文物考古研究院）调查发现该遗址，采集有方格纹罐、篮纹双腹盆、绳纹灰陶鬲及石器、蚌器、骨器，该遗址年代主要为龙山文化时期，也有部分商文化遗物。

为配合小浪底北岸灌区的建设工作，河南省文物考古研究院对遗址进行了前期调查和勘探，2021 年 4 ～ 7 月对遗址北部区域进行发掘。发掘面积共 1000 平方米，共清理灰坑 30 座、灰沟 2 条、墓葬 3 座和瓮棺 1 座，收集陶片、骨骼 100 余袋。遗存时代涵盖了仰韶文化、晋和宋元时期，其中以仰韶文化晚期遗存为主。仰韶文化陶器器形以折腹罐、钵、盆、缸、鼎、花边捉手器盖、瓮和尖底瓶等为主；夹砂、泥质陶数量相当；以素面为主，另有少量附加堆纹、弦纹和细绳纹；彩陶较多见，以黑彩为主，另有部分红彩，纹饰有带状纹、太阳纹、渔网纹和平行纹等。

根据发掘结果可知，此次发掘范围位于遗址的北部，文化面貌以仰韶文化为主，大概相当于大河村类型晚段。遗址文化内涵丰富，延续时间较长，对研究焦作武陟地区仰韶文化晚期的文化生活具有一定意义。

焦作武陟保安庄遗址发掘现场航拍图（上为北）

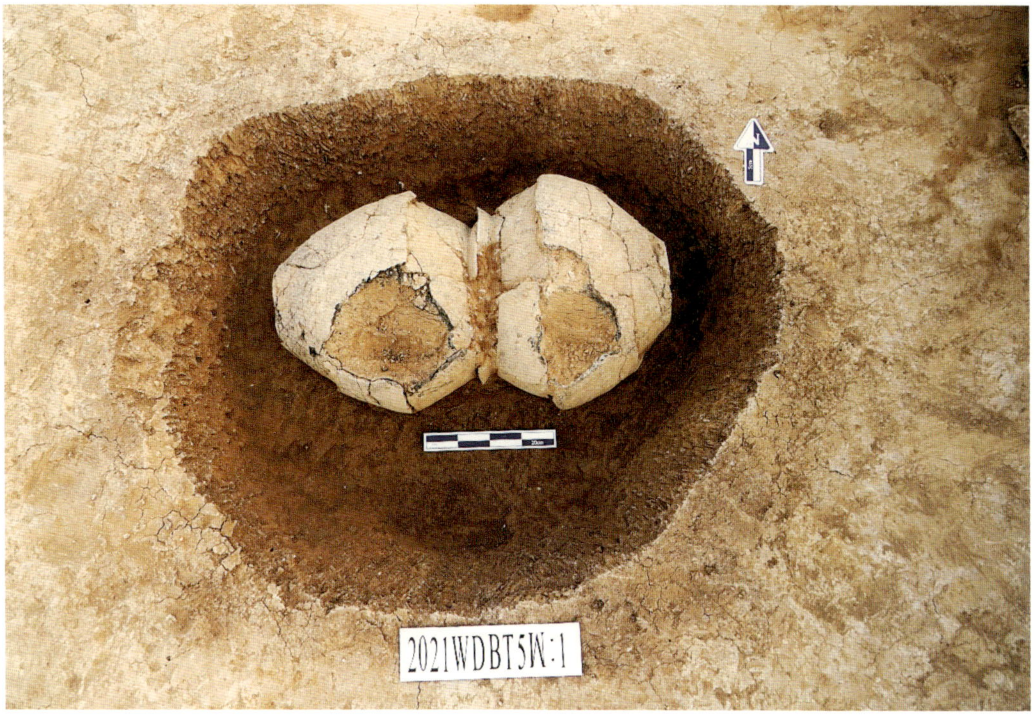

焦作武陟保安庄遗址仰韶时期瓮棺葬

（执　笔：韩朝会 张 萍）

济源庙街遗址

2021 年 5 ～ 11 月，河南省文物考古研究院联合济源市文物工作队开展济源庙街遗址田野考古调查勘探任务，勘探面积 13 万余平方米。

此次勘探新发现的重要遗迹包括房址 3 座、窑址 12 座、灰坑 270 个、墓葬 3 座、沟 5 条及水井 2 眼等。通过此次勘探，厘清了庙街遗址的大致范围，证实庙街遗址是一处时代涵盖仰韶、龙山、二里头、商周和汉代的延续性较好的遗址。

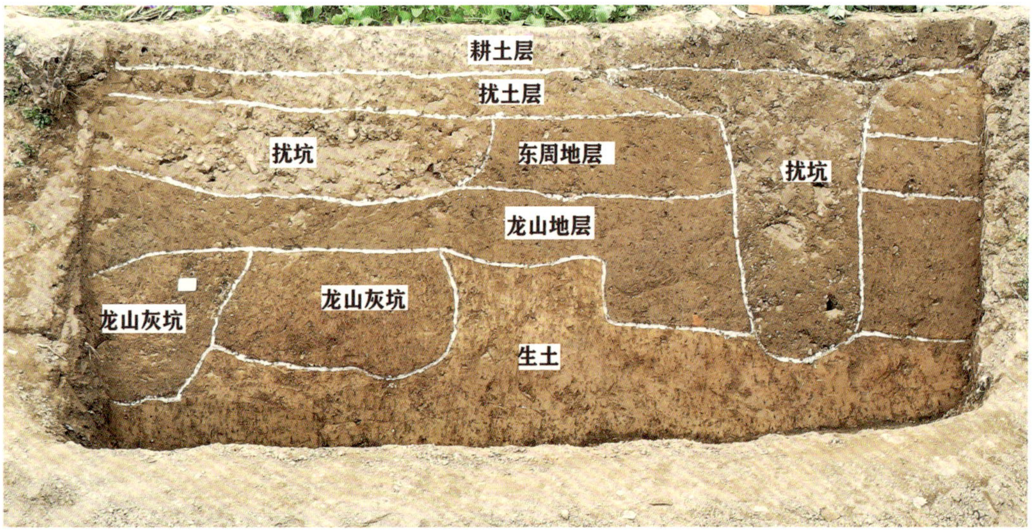

济源庙街遗址清刮断面（东—西）

济源庙街遗址仰韶文化遗物

济源庙街遗址龙山和二里头时期遗物

（执　笔：包伟柯）

三门峡小交口遗址

小交口遗址位于三门峡市交口乡小交口村北，地处东青龙涧河北岸的黄土台塬边坡上。2021 年 6 ～ 12 月，为配合 209 国道改道项目建设，河南省文物考古研究院联合郑州大学、三门峡市文物考古研究所对小交口遗址进行了田野调查与考古发掘。调查结果显示遗址面积达 124 万平方米，是目前河南省内面积最大的龙山遗址之一。此次发掘面积共约 850 平方米，发掘区域位于整个遗址的西南部，共发现房址 16 座、陶窑 4 座、墓葬 1 座和灰坑 30 余个，均为龙山文化遗存。

房址建筑形式以窑洞式、半地穴式为主，另含少量地面式，根据其平面形状可分为“亞”字形、“凸”字形及“吕”字形。房屋门道多向南，地面多涂抹白灰，中部大多有一形制规整的圆形烧结硬面，推测为火塘。个别房址还包含室内灶、壁龛、窖穴等附属设施。在所发掘的房址中，F6 最为特殊，其平面形状呈“亞”字形，房屋内部由两层加工硬面组成，且门道南部立有社石，传达了先民祭天祀祖的理念。

陶窑均为横穴窑，其中 Y4 为双窑室结构。Y1、Y2、Y3 处于同一海拔高度的阶地上，且相距甚近。3 座窑址周边均有与之相关的房址、窖穴、工棚及灰坑，共同组成了遗址内的手工业作坊区。保存较好的 Y3 平面为瓢形，由窑室、4 条平铺于窑底的火道及火膛构成，窑室及火膛内发现数量较多的陶器残片。另在其他陶窑内壁发现加工修补的痕迹。墓葬仅发现 1 座（M1），墓主为未成年男性，单人仰身直肢葬，无随葬品。由于 M1 距 F15 仅约 2 米，推测其为 F15 的奠基人骨。灰坑数量较多，且形制多样。

出土遗物有陶器、石器和骨器等。陶器以泥质灰陶为主，纹饰有绳纹、篮纹、网格纹、方格纹、刻划纹和弦纹等，大部分在器物的肩部、领部施弦纹，在 1 件陶盉上发现有刻划纹。器形有鬲、罐、瓮、缸、杯、碗和圈足豆等。生产生活工具有石斧、石刀、石纺轮、石镞、蚌刀和鹿角锥等。在资源利用方面，经鉴定，小交口遗址的动物骨骼大体以家养的猪和狗为主，另有鹿、狍子、鼠等野生动物。植物遗存有粟、黍、水稻和豆科等。

此次系统调查显示小交口遗址是目前河南省内面积最大的龙山文化遗址之一，也是该区域的中心性遗址。房屋及窑址前的立石、用于房屋奠基的 M1 和灰坑葬等祭祀现象为探讨早期祭祀传统提供了新资料。发现的带有陶寺文化风格的白灰面窑洞式建筑、半地穴式“吕”字形房址及直口鬲、肥足鬲等遗存，对研究以陶寺遗址为代表的早期国家形成及中原地区夏文化进程具有重要意义。除此以外，遗址还出土了王湾三期文化、山东龙山文化风格的折沿罐、矮足鼎和蛋壳陶等器物，对于研究龙山文化晚期豫西、晋南、海岱地区间的文化交流与互动亦具有重要意义。

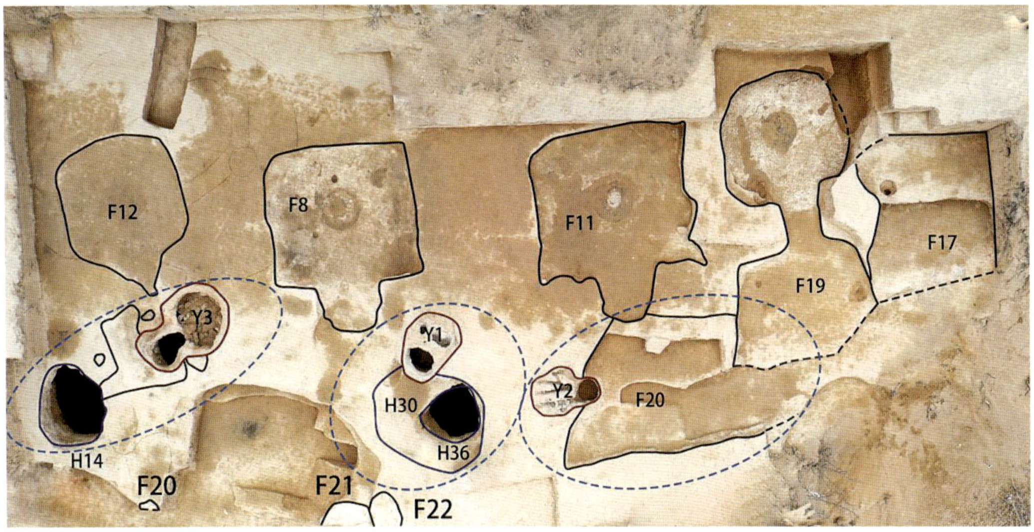

三门峡小交口遗址 Y1、Y2、Y3 及其周边有关遗迹（上为北）

三门峡小交口遗址 F6（上为北）

（执　笔：王　肖　姚宗禹）

叶县张庄遗址

叶县张庄遗址位于平顶山市叶县盐都街道张庄村，西邻G234国道（叶县叶公大道），东临张庄村民房，西北距沙河约2千米，东南距叶县余庄遗址约1千米。张庄遗址文化层主要包括东周、宋元和明清三个时期，以东周时期遗存为主，亦有少量龙山时代遗存。

为配合叶县房产事务服务中心“叶县昆北佳苑公共租赁住房项目”建设，2021年10～12月，河南省文物考古研究院对张庄遗址进行了考古发掘，发掘面积400平方米。共清理墓葬、水井、沟和灰坑等遗迹105处，出土陶、瓷、铁和铜等不同质地的器物61件，包括东周陶豆、铜镞、铜削和铁斧，宋元时期白底黑花瓷碗，以及不同时期的铜钱等。

张庄遗址虽未发现新石器时代文化层，但在东周地层之下发现了属龙山时代的灰坑、房址等遗迹，出土了屈家岭—石家河文化、中原龙山文化的陶片、陶塑等，由此可知该区域应有更早期的人类活动。

叶县地处中原腹地，扼南阳盆地北口，自古以来便是南北文化的结合部。战国时期其北部为昆阳，属魏、韩，其南部为叶邑，属楚国，隶属中原地区和江汉地区两个不同的文化系统。张庄遗址出土大量战国时期的陶豆，为研究战国陶豆的型式分类、南北文化因素的交融等问题提供了重要实物资料。

张庄遗址的考古发掘为研究当地龙山时期、东周时期、宋元时期的社会生产、生活状况、生活习俗及埋葬风俗等提供了重要的实物依据及科学资料，对研究龙山时期中原地区的聚落分布情况亦大有裨益，具有重要考古价值。

叶县张庄遗址中原龙山时期陶塑

战国时期灰坑 H23

叶县张庄遗址战国时期陶豆

宋元时期墓葬 M1

（执　笔：吴伟华　贾一凡）

平顶山北渡村遗址

平顶山北渡村遗址位于平顶山市区南部北渡村，亚兴路东侧，长江路（原南一环路）南侧，恒山路西侧，高压走廊北路北侧。遗址原为耕地，地势平坦。2021 年 4 ～ 8 月，河南省文物考古研究院联合平顶山庐文化广电和旅游局对北渡村遗址进行了发掘，共布设 10 米 ×10 米探方 19 个，实际发掘面积为 2000 平方米。主要发现为龙山文化至明清时期的遗存，发掘墓葬、陶窑和灰坑等各类遗迹共计 131 个。

龙山文化时期陶窑 3 座，均保存较差，大部分仅存窑底。Y2 残存窑室和火膛，窑室位于火膛西部，近圆形。火膛平面呈不规则长方形。出土有陶片，主要器形有盆、罐和钵等。

汉代遗存主要有墓葬、灰坑和陶窑，墓葬和陶窑多保存较差。H76 形制特殊，平面呈长方形，口略大，底小。坑壁用不规则的自然石块砌成，底部以零星的大石块铺底，单个石块重约 100 千克。填土为黄灰土，土质较硬，包含大量的石块、汉砖、板瓦和筒瓦残片。

宋元明清时期的遗存主要为墓葬，均被盗掘，破坏严重。M7 位于发掘区西南部，墓葬形制为拱顶砖室墓，平面呈长方形，南部被破坏，出土双系黑釉罐。

通过本次发掘，对这一区域的古人活动和文物分布情况有了初步了解。由于晚期人类活动的影响，早期文化遗存保存较差，龙山文化遗存大都仅残留底部，而且出土物极少，基本不见居址和墓葬。结合钻探情况综合分析，龙山文化时期的古人在这里生活时间应该很短，而且人口稀少。根据发现的汉代遗存，推测两汉时期这一带也有少量人口居住。宋代以后，这里就成了一处墓地。本次发掘为豫中地区新石器及以后各时期的考古研究提供了丰富的材料，对丰富平顶山历史时期的文化内涵、找寻先民的生活足迹具有重要意义。

平顶山北渡村遗址发掘区域航拍图

平顶山北渡村遗址龙山时期 Y2（上为南）

平顶山北渡村遗址汉代灰坑 H76

（执　笔：樊温泉　常宏杰）

信阳陈店孜等遗址考古发掘项目

2021 年 4 ～ 12 月，为配合大别山引淮灌溉工程，河南省文物考古研究院对信阳市息县陈店孜遗址、后李遗址和黄寨遗址等进行了考古发掘，发掘面积共计 4600 平方米。

三个遗址皆为带环壕的台墩形遗址，发现有龙山文化晚期、二里头文化晚期遗存。其中，以龙山文化晚期遗存最为丰富，有灰坑、灰沟等遗迹，出土圆锥足鼎、夹砂罐及器盖等遗物，属杨庄二期文化。这是豫东南地区龙山文化晚期的重要发现，对于研究龙山文化晚期至二里头文化时期的文化演变有重要价值。此外，陈店孜遗址还发现战国时期楚墓，分布在台地边缘。墓葬的葬具均为一棺一椁，随葬仿铜陶礼器，应是一般平民墓。

2021 年 5 ～ 8 月，为配合四水同治工程、安罗高速罗山至豫鄂界段等项目建设，河南省文物考古研究院先后发掘了信阳市平桥区姚庄遗址、罗山县黄岗遗址，共计约 820 平方米，发现战国时期鬲、豆、罐和板瓦等残片，以及石斧、铜刀等遗物。

信阳陈店孜遗址 M2（上为北）

信阳陈店孜遗址 M5

（执　笔：武志江）

漯河宋岗遗址与城高遗址

为配合许信高速漯河郾城段建设，河南省文物考古研究院联合漯河市文物考古研究所，于 2021 年 3 ～ 12 月分别对宋岗遗址、城高遗址进行考古发掘，发掘面积共 6000 平方米。

宋岗遗址为一处小型龙山文化晚期至二里头文化时期的聚落遗址，位于漯河市郾城区宋岗村西。经勘探，宋岗遗址总面积约 20000 平方米，北部有一条宽 3 ～ 5 米的灰沟。2021 年度发掘遗迹 106 个，以龙山文化晚期灰坑为主，共 86 座，墓葬 5 座，瓮棺葬 2 座。战国至汉代灰坑 2 座、水井 7 眼，宋代墓葬 1 座、灰沟 1 条，以及明清时期墓葬 1 座、水井 1 眼。出土大量龙山文化晚期煤山类型及少量二里头文化时期陶片及陶器，主要器类有罐、鼎、豆、盆、碗和鬶等，另外出土少量骨蚌器、玉器。根据发掘及勘探调查结果，初步推测宋岗遗址与遗址西南、东南部调查发现的小型聚落遗址有可能共同构成了一组小型聚落群，为周边大型聚落服务。

城高遗址为一处东周至汉代的古城址，位于漯河市郾城区城高村西。2006 年城高遗址被核定公布为河南省第四批重点文物保护单位。2021 年度发掘遗迹 462 个，以灰坑为主，共 407 座。东周（战国中晚期）至汉代的遗迹以灰坑为主，共 405 座，还有墓葬 17 座、灰沟 12 条、坑 2 座、道路 1 条及井 7 眼。宋元及以后的遗迹包括灰坑 2 座、墓葬 4 座、灰沟 8 条、道路 2 条及水井 2 眼。出土大量战国中晚期及汉代陶片及陶器，主要器类有豆、盆、罐、瓮、壶、板瓦、筒瓦和陶棺。另外，还出土有石斧、锛、杵，青铜蚁鼻钱、镞，铁齿轮、铁矛及少量蚌器。根据发掘情况，推测本次发掘所获遗存的主要年代为战国中晚期和汉代，战国时期本地为楚国所占据。遗迹中出土了大量废弃的板瓦、筒瓦及残次汉砖，可能为城内建筑垃圾堆积之处。

宋岗遗址 M6（灰坑葬）

夹砂黑衣褐陶罐

敛口穿孔褐陶罐

宋岗遗址出土龙山文化陶器

城高遗址发掘区总高空照

1. 骨算筹

2. 铜带钩

3. 铜镞

4. 陶豆

城高遗址出土器物

（执　笔：闫琪鹏）

济源王虎遗址

王虎遗址位于济源市轵城镇王虎村北，西临桑榆河，北与清源水处理剂厂（在建）隔路相望。为配合济源方升化工有限公司项目建设，2021 年 4 月，经报请国家文物局批准，河南省文物考古研究院联合济源市文物工作队对该遗址进行考古发掘，发掘面积共 6500 平方米。

此次发掘发现了各时期灰坑 319 座，其中唐代最多，其次为汉代、商代和新石器时代。另有灰沟 7 条、陶窑 1 座及墓葬 11 座。墓葬包括唐代 6 座、宋金时期 3 座、清代 2 座。墓主多数为殇亡幼童，个别为成人。新石器时代遗物较少。商代遗存发现较少，出土遗物种类齐全，包括鬲、簋、甗和罐等，其时代大致为商代晚期至西周早期。汉代遗物多为板瓦、筒瓦、罐、盆及瓮之类。唐代遗物以板瓦、残砖、罐和碗等为主，另有少量淡水生贝壳，铜钗，铁削、镂铧、锄、斧和镰等。

济源本地发现的商代遗存不多，这是继柴庄遗址之后，豫西北区域又一次发现集商代晚期和西周早期文化遗存于一体的聚落遗址。其可能是商代晚期方国遗存，也是商周变革的具体体现。此次发掘的唐代遗存最为丰富，是一处较为单纯的以砖瓦烧造为主、生产生活为辅的唐代小型聚落，在河南境内尚属首次发现。

济源王虎遗址 Y1 全景（东南—西北）

1. 商代陶鬲

2. 商代陶簋

3. 唐代陶罐

4. 唐代陶盒

5. 唐代陶碗

6. 唐代玻璃串珠

7. 唐代铁铲

8. 唐代陶灯

济源王虎遗址出土遗物

（执　笔：孙　凯　王瑞雪）

郑州商城东城垣内侧环境整治项目（二期）

2021年5～12月，为配合郑州市商都历史文化区东城垣内侧环境整治项目（二期）建设，河南省文物考古研究院对郑州市管城回族区东大街与城东路交叉口西北部区域进行了考古发掘。

本次考古发掘共布设10米×10米探方60个，发掘面积6000平方米。整个发掘工地，发掘深度达1.20～6米，清理出商代、唐宋、明清时期的灰坑、水井、沟及灶址等各类遗迹490余处。

商代二里岗时期遗存。在南部发掘区的中部和南部再次清理出一批长方形遗迹，如J92、J101、J102、J120、H1124和H938等，除出土较多陶器外，还出土了人骨架、卜骨和原始瓷器，推测其功能主要为灰坑和水井，但不排除为祭祀后的瘗埋坑的可能。2021年度较为重要的发现之一是一条商代沟（G31），位于发掘区南部。G31大体呈西北一东南走向，延伸到发掘区域外。目前已揭露部分长度达70米，从解剖沟的剖面来看，G31南北宽约12米，开口距地表深3.50～3.70米，沟深3.90～4.10米，坡度较缓，底部南北宽1.50～1.80米。沟内堆积层次清晰，南北两侧沟内堆积呈斜坡状，水流痕迹明显，最底层出土遗物尤为丰富，时代属于商代二里岗上层时期。此外，在西北部发掘区，也发现数个商代遗迹，包括J144、H1086和H1108等。

战国时期遗存。G30位于南部发掘区中南部，叠压在G31之上，水流痕迹明显，不排除是一条人工修筑的排水沟的可能。

唐宋时期遗存。2021年度较为重要的发现之一是位于南部发掘区的4处铸造遗迹，遗迹保存较好，在中国古代铸造技术史上也是较为少见的，目前正在论证相关保护展示方案。

2021年该项目的考古发掘工作将为探究郑州商代城址的功能布局、城市排水及历史时期城市格局的演进提供更加丰富的资料。

北

郑州商城东城垣内侧环境整治项目（二期）航拍图

郑州商城东城垣内侧环境整治项目（二期）G31 剖面

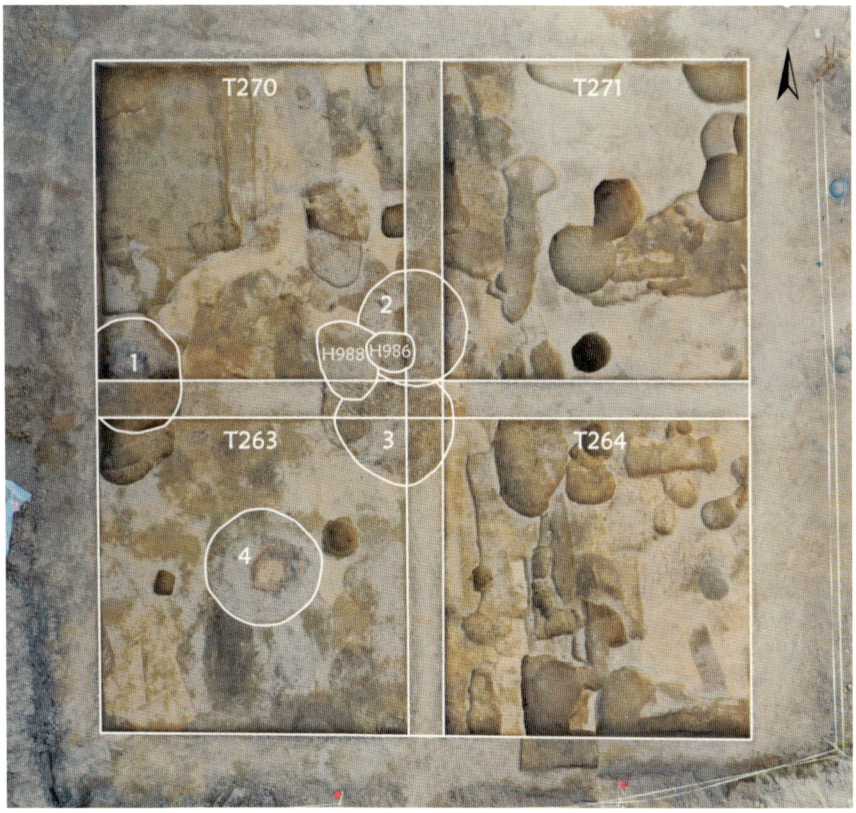

郑州商城东城垣内侧环境整治项目（二期）4 处铸造遗迹

郑州商城东城垣内侧环境整治项目（二期）铸造遗迹

（执　笔：杨树刚　刘自枝）

许昌石庄遗址

石庄遗址位于许昌市建安区榆林乡石庄村西北。遗址地势呈漫岗状，南距颍河 2.50 千米。

2021 年 3 ～ 10 月，为配合许信高速许昌段建设，经报请国家文物局批准，河南省文物考古研究院联合许昌市文物考古研究管理所对石庄遗址进行考古发掘，发掘面积 5000 平方米。发掘的遗迹有灰沟、灰坑、墓葬、井、路、窑和灶等，包括二里岗文化、东周、汉代等时期灰坑 270 座；墓葬 43 座，其中汉墓 30 座，魏晋墓 3 座，唐墓 2 座，宋墓 5 座，明清墓 3 座；路 5 条，时代为东周和汉代；沟 5 条，时代均为宋代；另有东周时期井 2 眼、灶 1 座及窑 1 座。

二里岗文化遗迹主要是二里岗上层一期的灰坑和窖穴，出土遗物有鬲、盆、罐、簋、器盖和大口尊等，还出土有石器、卜骨和铜镞等。灰坑多为圆形、直壁、平底，较为规整。其中 H8 出土遗物较为丰富，出土大型器盖、兽面纹陶簋陶尊、青铜锛、陶鬲、陶豆和骨镞等。根据该坑出土遗物的完整性及摆放状态，H8 应为一处窖穴。东周遗迹以灰坑为主，年代从战国早期延续至战国晚期，陶器以盆、豆、罐为主，鬲较少。汉代墓葬破坏较为严重，时代以东汉为主，随葬品有铜洗、铜镜、陶鼎、陶釜、陶甑、陶灶、陶罐、陶壶和陶奁等。此外发现多座瓦罐葬，时代为汉魏时期。M6 墓圹口长 1.30 米，宽 1.03 米，陶棺长 0.70 米，宽 0.33 米，高 0.30 米，未见人骨，出土泥质陶罐一个。

根据发掘情况，遗址大致可分为三个区域：商代二里岗文化时期遗存主要分布于南部区域；汉代和唐代墓葬主要分布于中部区域；东周时期遗存主要分布于北部区域。遗址文化内涵丰富，聚落结构完整，遗迹保存较好，对研究许昌地区商代及东周时期的政治形态及聚落布局具有一定意义。

许昌石庄遗址南区发掘全景

许昌石庄遗址 H8（上为东）

许昌石庄遗址 M6（上为南）

（执 笔：王 豪）

新郑沈庄安置区考古发掘项目

新郑新华路办事处沈庄安置区工程用地位于新郑郑韩故城东城区东南部，今新郑市溱水路东侧、兴弘花园南侧。为配合城市基本建设，2021 年 8 月，经报请国家文物局批准，河南省文物考古研究院新郑工作站对项目占地进行了考古发掘。发掘历时 5 个月，至 2022 年 1 月，田野发掘工作结束。

此次发掘共布设 10 米 ×10 米探方 80 个，发掘面积近 8000 平方米，清理春秋战国至明清时期灰坑 330 座、沟 8 条、道路 5 条、墓葬 21 座、水井 14 眼、灶 1 座、仓 1 座、窑 2 座、粮仓 1 座及夯土 1 处。出土铜、陶、瓷、石和骨等不同质料文物 400 余件。

春秋时期陶窑 Y1 和墓葬 M21 保存较好，具有重要的学术价值。Y1 位于 T2531 西南部，东北部打破 H84。平面为椭圆形，由烟囱、窑室、火塘和火门构成。烟囱在窑室南部。窑室内壁有一层厚 0.05 ～ 0.10 米的蓝色烧结面，向外有一层厚 0.15 ～ 0.20 米的红烧土。火膛在窑室北部，平面呈椭圆形。火门在火膛北侧。

M21 距地表深 1.50 米。该墓为竖穴土坑墓，平面为长方形，直壁，平底。墓内填土为五花土，土质较硬。墓室内有一长方形木棺，已朽成灰。棺内有人骨 1 具，头向北，面向上，仰身直肢，保存较差。头部放置璜形玉饰 2 件、方形玉饰 3 件、玉玦 2 件，足部放置玉珠数个。墓室东南部棺外放置铜器 4 件，分别为铜匜 1 件、铜盘 1 件、铜敦 1 件和铜舟 1 件。

本次发掘所发现的春秋时期窑址、灰坑、夯土建筑及战国时期的道路等与当时居民生活息息相关的遗迹，大大丰富了东周时期城市研究的材料，对探索东周时期郑韩故城的城市空间布局、经济结构、生业模式等课题具有重要的价值。

新郑沈庄安置区考古发掘项目春秋时期陶窑 Y1（东北—西南）

新郑沈庄安置区考古发掘项目春秋时期墓葬 M21（上为北）

（执　笔：樊温泉 常宏杰）

郑州西亚斯学院二期扩建工程考古发掘项目

郑州西亚斯学院二期扩建工程（B块）位于新郑市人民路北侧，西亚斯学院北部。东部和北部为西亚斯学院用地，西邻中国园，南邻西班牙街。为配合工程建设，2021年7～10月，经报请国家文物局批准，河南省文物考古研究院新郑工作站对其进行了考古发掘，主要发现了东周时期的墓葬。

此次发掘共清理春秋战国至明清时期墓葬62座，其中明清墓葬1座，其余均为春秋战国墓葬。这些墓葬规模不大，大小多为3米×1.50米，形制以竖穴土坑墓居多，有3座砖室墓。竖穴土坑墓平面均呈长方形，多为直壁平底，少量为斜壁，口大底小。葬具多为单棺或者无葬具。从残存的人骨来看，以仰身直肢葬居多。被盗严重，几乎没有随葬品。共出土陶、铜、玉和水晶等不同质料文物数十件。随葬品组合主要有仿铜陶礼器（陶鼎+陶壶+陶舟）和日用陶器（罐+壶）两种。仿铜陶礼器墓以M691为代表，该墓位于发掘区中南部，墓葬形制为竖穴土坑墓，平面呈长方形，直壁，平底，葬具为木质单棺，仅存灰痕。棺北部出土4件陶器，分别为陶罐（2件）、陶舟和陶鼎。日用陶器墓以M679为代表，该墓位于发掘区东部，墓葬形制为竖穴土坑墓，直壁，平底，随葬陶罐2件。

本次发掘区域位于李马墓地范围内，应隶属于李马墓地，新发现的墓葬丰富了李马墓地的考古资料，填补了该墓地以往考古发掘工作的不足，使我们对李马墓地的分布范围和排列规律有了更新的认识，同时也为我们研究春秋战国时期郑韩故城的城市布局、埋葬习俗等提供了新的实物佐证。

郑州西亚斯学院二期扩建工程考古
发掘项目东周墓葬 M691

郑州西亚斯学院二期扩建工程考古
发掘项目东周墓葬 M679

（执　笔：樊温泉 常宏杰）

新郑黄帝故里考古项目

黄帝故里黄帝文化馆及中华姓氏馆位于新郑郑韩故城西城区北部，今新郑市人民路北侧，迎宾街西侧，嫘祖路东侧。为配合城市建设，经报请国家文物局批准，河南省文物考古研究院新郑工作站对黄帝故里黄帝文化馆及中华姓氏馆等工程用地进行了考古发掘。至2021年12月底，田野发掘工作结束。

本次发掘布设10米×10米探方共计450个，发掘面积45000平方米，共清理东周至明清时期灰坑3000余座、墓葬40余座、陶窑25座、水井37眼、陶灶33座、房基16座和道路8条，另有铜编钟坑1座、殉马坑8座和窖藏坑2座。出土铜、铁、陶、瓷、骨和石等不同质料文物数千件。现介绍重要遗迹如下。

铜编钟坑位于游客中心发掘区域，平面呈圆角长方形，坑内出土有三排钟架，共24个编钟，分别有镈钟4枚、钮钟20枚，分为2套。3号殉马坑位于游客中心发掘区，平面呈长方形，直壁，平底，坑内放置两匹马，马头向西，背向南。M22位于发掘区西部鼎坛路区域，竖穴土坑墓，南北向，平面呈长方形，椁内人骨腐朽成灰。墓室中部出土铜盘1件、铜匜1件、鼎3件、簋4件、罍2件和舟1件，以及玉璧1件。M22时代应为春秋中期。M33位于姓氏馆发掘区，竖穴土坑墓，南北向，平面呈长方形，葬具为一椁一棺。棺内发现人骨1具，头向北，人骨保存情况较差。在人骨的头部和足部共出土铜器13件，包括铜罍2件、簠4件、敦1件、盘1件、鼎3件、舟1件和匜1件，在面部和颈部还出土玉器、玛瑙、骨珠等数十件。该墓年代为春秋中期，初步判断墓主为25岁左右的年轻女性。Y6位于东贵宾室发掘区，窑室平面呈船形，南北向，由烟囱、窑室、火塘和工作坑组成，出土有陶盆、缸、板瓦、筒瓦等，年代应该为宋代。瓷器窖藏坑H1499位于T0442东部，开口于①层下，平面呈圆形，直径1.30米，出土有瓷碗、瓷杯、瓷盘、铁圈和铁勺等，时代为明代。

东部发掘区发现了殉马坑和编钟坑，说明这一区域在当时是重要的祭祀区。该区域位于郑韩故城西城区中部，地处春秋时期的宫殿区，这处祭祀遗址为了解春秋时期的宫城布局提供了宝贵的材料。除此之外，保存完好的编钟为了解春秋时期郑国的礼制文化、音乐、美学、声学、冶金铸造和结构力学等方面提供了宝贵的实物材料。

中华姓氏馆发掘区发现了两座等级较高的铜器墓，该区域位于郑韩故城西城区中部，地处郑国宫殿区，在此处发现高等级墓葬当属首次。在全国的春秋时期宫殿遗址中，于宫殿区发现高等级墓葬也是少见。这一发现为我们重新审视春秋时期宫殿区的功能，了解当时的墓葬制度、文化习俗和宫殿职能与布局提供了新的材料。

黄帝故里考古项目春秋时期编钟坑

黄帝故里考古项目春秋时期 3 号殉马坑（上为南）

北

黄帝故里考古项目春秋时期墓葬 M22

黄帝故里考古项目春秋时期墓葬 M33

黄帝故里考古项目宋代陶窑 Y6

明代瓷器窖藏坑 H1499 出土瓷器

（执 笔：樊温泉 常宏杰）

漯河西城明珠考古发掘项目

漯河西城明珠考古发掘项目位于漯河市西城区月湾湖路与太白山路交叉口东南、漯河古城遗址宫城内西南角。为配合城市基本建设，经国家文物局批准，2020 年 7 月～ 2021 年 7 月，河南省文物考古研究院对该项目用地进行考古发掘，共发掘 6000 余平方米，其中发掘至生土 2000 平方米，清理至汉代重要遗迹层面 3000 平方米，清理至隋唐重要遗址层面 1000 平方米。

除疑似护城河区域外，遗址地层堆积一般厚 2 ～ 3 米，分为垫土层、近代扰土层、隋唐层、汉代层和战国层。清理战国、汉代时期至隋唐时期城墙 1 段、道路 3 条、房屋建筑基址 13 座、下水管道 8 条、沉淀池 4 座、水池 5 座、水井 14 眼、灰坑 133 座、灰沟 4 条、陶窑 2 座及灶 5 座，出土大量砖瓦等建筑遗物，以及一些陶器、铁器和铜钱等。

战国至汉代宫城西城墙大部分位于基建区外的道路上，东部边缘进入基建区，发掘部分长 80 米。战国至隋唐时期顺城南北向大道长 75 米，路宽 4.50 ～ 7 米，路土厚达 1.40 米。路面车辙密布，两边均有排水用的路边沟。路东侧有汉代砖砌排水系统，与路东大型建筑群的陶排水管道或砖砌下水道相通。排水系统由砖砌暗水道和沉淀池构成，北高南低，残存长方形沉淀池 4 个。战国下水道分布在西区 T19 中，残长 5 米，由中型圆形绳纹陶管套合而成。

西汉陶窑 2 座，均为半圆形半倒焰式窑，有 3 个烟囱。Y1 保存较好，被一东汉圆形砖砌水池打破，残高 0.40 米左右。水池内残存长方形青石槽 1 个，可能后来被改为畜圈。西汉窑坑的数量较多，几乎全为大型不规则形坑，被东汉大型建筑夯土基础的填土垫平，这些窑坑可能是陶窑起土所致。

新莽东汉时期高等级宫院式建筑基址群占地 4000 平方米以上，水池、墙体、地面、大型水井及排水系统等砖砌遗迹残存较多，可视性较好。在东门门道处发现人奠基坑 1 座、牛奠基坑 1 座。此建筑群占地面积庞大，高台建筑式宫殿基址规划整齐、体量大、建筑技术考究，砖瓦砌排水管道与大道边排水系统亦经整体规划设计。砖瓦形大质优，包括“广”字砖、小“王”砖、大“王”砖、双龙纹砖、“一三、二三”砖、各类“五”字砖及卷云纹瓦当和画像砖，还有一些全国仅见的印纹脊瓦与陶脊兽饰。一些瓦当上有“千秋万世”“千秋万代”“富贵宜子孙”“宜官”等文字，一些大型子母画像砖上有双龙纹、大小“王”字，少量大型空心砖上模印有“永食太仓”字样的高浮雕车马出行图。

隋唐时期大型院落基址共发现 2 处。一处为长方形夯土围墙基槽，内部残存 3 处房址和一些墙槽，长 70 米，宽约 32 米。另一处为大型东西向长房基，长 70 米，宽约 9 米。隋唐建筑体量之大、建筑技术之精全国罕见，应是重要的官府建筑遗址。

从已有的发掘收获看，基建西区为战国、汉代时期外城区域，东半部疑似护城河或河道。战国时此处存在一处较重要的建筑区，但破坏严重，残存下水道一段、夯土基址小块。汉代此地为一般民居所在，灰坑较多，灰土堆积较厚。基建东区位于战国宫城内西南角，西汉时为一处延用时间很长的陶窑场，残存较多大型不规则窑坑。推测新莽东汉时期建筑群是“郾王”“郾侯”王侯府遗址高等级建筑的一部分，局部保存较好，是全国考古发现的第二例、北方第一例诸侯王府遗址。

漯河西城明珠考古发掘项目汉代顺城路与排水系统（南—北）

（执　笔：马俊才　牛　爽）

获嘉县城东南陈孝村聚落遗址

获嘉县城东南陈孝村聚落遗址位于新乡市获嘉县城东南陈孝村西。2021 年 9 ~ 12 月，为配合基本建设，河南省文物考古研究院联合新乡市文物考古研究所对该项目用地进行了考古发掘。发现一处战国至汉代的聚落遗址，清理多组院落结构的大型建筑遗存、制陶作坊及墓地等。

大型建筑遗存为多重院落结构，朝南，分布在东西长 63 米，南北宽 25 米的范围内。可确认至少有两处东西并列的院落。院落以夯土墙、排房围成，中间为庭院，部分外围区有回廊。两院落之间有南北向廊道。多数仅残留建筑或墙体基槽部分，部分似用泥坯包边。夯土墙一侧多凸出，或者为陶片堆积，概为磉墩之属。保存最好的 1 号院落，庭院空旷，平面呈东西向长方形，东西长约 20 米，南北宽约 8 米，总面积达 160 平方米。院落西北部为一间小型房址，似为门房之属，门向朝东，面阔 3 米，进深 2 米。庭院南部则为一组排房，可确认有两间长房。院落外北部为带柱子的东西向廊道。由于发掘面积有限，未能完全揭露出该院落群，整体来看，其最外围似有一周夯土墙。此类多重院落结构布局是战国至汉代院落常见形态之一，与同时期的模型明器结构相似。

院落外围为制陶区，共发现 7 座陶窑和 4 条水沟。多数陶窑营建于水沟边缘，利用水沟与地面的高差，横向开辟陶窑，同时也便于取土、用水。Y1 的窑床上还整齐摆放着烧制中的半成品。水沟堆积中包含成堆的各类陶器及建筑材料，不少因烧制已扭曲变形，作为垃圾倾倒于水沟内。出土大量与制陶相关的工具，包括圆形陶转盘、陶拍和陶印等。生活类陶器种类单一，以陶盆、陶豆为大宗，建筑材料主要有筒瓦、板瓦和砖。制陶遗存表明此地陶器生产的专业化程度较高，作坊区已出现了定向烧制某类产品的陶窑，特别是砖、瓦已明确分开烧制。该作坊区组织生产中应当实施了“物勒工名”的制度，经初步整理，30 多件陶器上均发现了戳印文字，内容多与制陶匠人的姓名有关。

在院落外围区域清理出 40 多座战国至汉代墓葬。墓葬形式多样，以单墓道多室墓、双墓道多室墓为主，少量为竖穴土坑墓。M1 的圆形封土直径达 30 米。M30 墓室以鹅卵石作地基，在地下水位极浅的地方，这种结构可有效地提高建筑的基底承载力。

获嘉县城东南陈孝村遗址战国至汉代院落航拍图（上为北）

获嘉县城东南陈孝村遗址战国至汉代 Y1 窑床上摆放的砖（上为西北）

获嘉县城东南陈孝村遗址战国至汉代陶盆储藏坑

该院落建筑群与周围的陶窑在时间上为共存或略微有早晚，但年代主要集中于战国晚期至汉代早期。院落规模大，陶窑分布广，生产砖瓦类产品，器物数量极多，且充分利用现有地势做好窑与水沟的设计规划，恐非民间人士所能运作，该作坊极有可能是一处魏国的官营作坊。秦人屈肢葬俗出现于此地战国晚期墓葬中，可与文献中魏割让该地与秦，继而归秦管辖的记载相印证。进入汉代，原有的院落遭废弃，作坊区转而专门烧制汉砖，应是为了满足遗址西部新出现的大规模墓地用砖的需求。

（执　笔：高振龙）

淮阳寨门庄墓地

寨门庄墓地位于周口淮阳区大连乡大朱行政村寨门庄东南部。2021年，为配合平粮台古城遗址博物馆与游客中心及配套用房工程建设，河南省文物考古研究院对该项目用地进行了考古发掘。

2021 年度共发掘战国、汉代、唐代和宋代墓葬 184 座，以汉代墓葬居多，其次为战国和唐代墓，宋墓仅 4 座。战国墓位于发掘区北部，皆为东西向竖穴土坑墓，墓主头向大多朝东，且头端常见壁龛，内置随葬器物，应属于战国晚期楚系墓葬。汉墓绝大多数为南北向，分为带墓道墓和不带墓道墓。带墓道的汉墓罕见多室墓，墓道大多朝南，墓主头向北，有多组夫妻异穴合葬墓；不带墓道的竖穴土坑墓规模较小，墓主头向朝北者居多。唐墓数量较少，位于发掘区东南部，主要为带墓道的船形墓。宋墓位于发掘区东北部，皆为迁葬墓。

寨门庄墓地发掘的楚汉墓葬与北部紧邻的平粮台古城遗址区域发掘的同时期墓葬相比，在形制、规模、葬式和随葬器物等方面均显示出较高的一致性，应属于同一墓葬区。经钻探，该区域在宋代以前是一处缓坡岗地，面积超过百万平方米，较高的地势成为楚汉时期理想的墓地。寨门庄墓地是淮阳区内迄今为止发掘的墓葬分布最为集中、数量最多的墓葬群，对研究周口乃至豫东地区楚、汉、唐宋时期的埋葬制度、社会面貌和环境变迁具有重要价值。

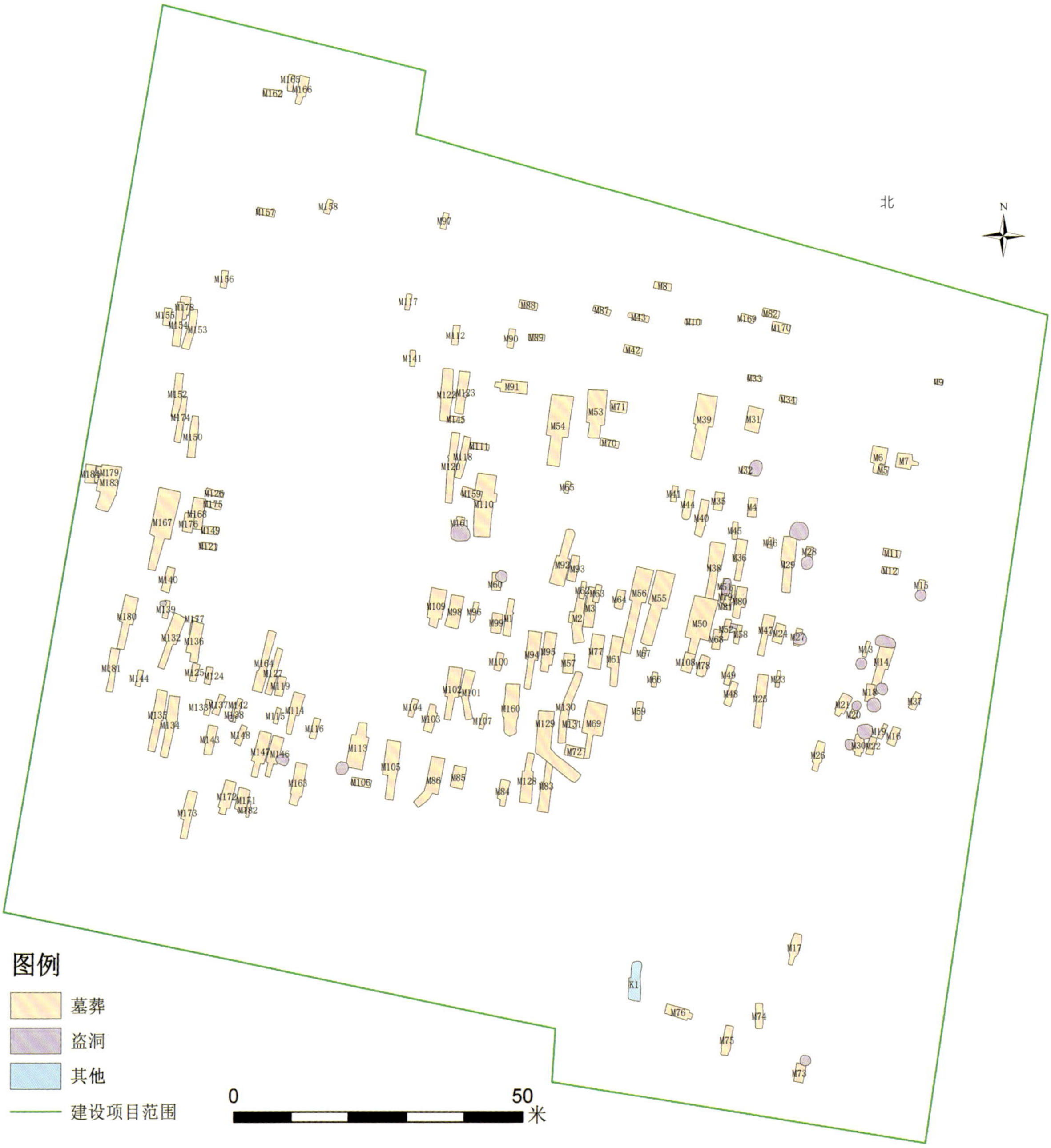

淮阳寨门庄墓地遗迹分布图

淮阳寨门庄墓地战国墓葬 M106

淮阳寨门庄墓地汉代墓葬 M55（上为西）

淮阳寨门庄墓地汉代墓葬 M55 出土漆木器

淮阳寨门庄墓地唐代墓葬 M26（俯视正射影像）

淮阳寨门庄墓地宋代墓葬 M7（俯视正射影像）

（执　笔：曹艳朋　陈　艳）

郑州至济南高速铁路濮阳段考古发掘项目

2021 年 6 月～ 2022 年 1 月，为配合郑州至济南高速铁路濮阳段项目建设，河南省文物考古研究院联合濮阳市文物保护管理所、清丰县文物保护管理所及南乐县文物保护管理所等单位，对项目工程沿线涉及的南乐县武家村墓地、清丰县五城遗址进行了考古勘探和发掘。

南乐县武家村墓地位于南乐县千口乡武家村西北，当地俗称“康王坟”。此次发掘面积约 400 平方米，清理墓葬 5 座，均为汉墓。M1 为带竖穴墓道的砖室墓，墓葬结构包括墓道、甬道、前室、后室及侧室等几部分。前室、侧室铺底砖共 5 层，后室铺底砖共 10 层，均按人字形交叉平铺。墓葬被盗扰，葬具、葬式不详。残余的随葬品位于侧室内及附近，有陶罐、陶壶、陶香炉、陶瓢、铜镜、铜簪、铜鐎斗、研磨器、研磨板和铁削刀各 1 件，另有陶耳杯 3 件及不名铜饰 2 件。

清丰县五城遗址位于清丰县柳格乡和双庙乡交界处，分布于五城村、城北村、城东村、城南村、城西村及仓上村。因学界有学者依据文献记载，推定北宋观城县治在今清丰县柳格镇五城村附近，此次考古工作在完成既定考古任务的同时，对五城村一带进行了大规模的调查和勘探。此次考古发掘面积约 800 平方米，以五城村为中心勘探面积达 30 万平方米。

郑州至济南高速铁路濮阳段考古发掘项目
南乐县武家村墓地 M1（北—南）

（执　笔：李一丕）

郑州商城创新街小学（北校区）考古发掘项目

2021年11月～2022年1月，为配合郑州管城回族区创新街小学（北校区）项目建设，河南省文物考古研究院对郑州管城回族区紫荆山路与东大街交叉口东北部区域进行考古发掘。

本次考古发掘工作共布设10米×10米探方15个，发掘面积1500平方米。共清理唐至明清时期的灰坑、水井、沟、窑址、道路及墓葬等各类遗迹50处。其中，唐宋文化遗迹相当丰富，并出土数量众多的瓷器。除保存较为完好的水井、陶窑外，值得一提的是之前发现的南北向道路L2。L2向北延伸，可能与新发现的东西向道路L5十字相交。L2分层修筑，堆积明显，发现了车辙，证明其自唐以来一直使用，延续时间较长。

2021年度的发掘进一步揭露出唐宋时期该区域人们的生产、生活痕迹，一定程度上反映了唐宋社会立体生动的场景。发掘区东侧为唐代开元寺遗址，本次发掘为复原唐开元寺周边环境提供了相关信息。

1. 耀州窑系花口碗

2. 景德镇系瓷碗

3. 花口瓷盘

4. 越窑系瓷盘

郑州商城创新街小学（北校区）考古发掘项目出土瓷器

（执　笔：杨树刚　曹凌子　魏　加　曾　晓　欧　杰）

郸城韭菜园遗址

郸城韭菜园遗址位于周口郸城县李楼乡韭菜园村西北部。2017 年，为配合阳新高速工程宁陵至郸城段建设，在文物调查时发现该遗址，遗址面积近 1 万平方米。2021 年 5 ～ 9 月，为配合基本建设，河南省文物考古研究院对其进行考古发掘，发掘面积约 2800 平方米。

此次发掘共发现遗迹 100 处，包括陶窑 3 座、沟 10 条、井 16 眼及灰坑 71 座。出土器物 70 余件，主要为碗、盘、碟、盏、壶和杯等各类瓷器，此外还有少量的石器、铁器、骨器、陶器和铜钱。以明代遗存为主，另有少量唐代遗存。

韭菜园遗址是郸城乃至豫东地区经考古发掘的为数不多的明代遗址，明代遗存的大量发现表明该遗址古代地势较高，未受到明代黄河泛滥的明显影响。郸城韭菜园遗址的发掘为研究该区域古代社会面貌和人地环境提供了难得的材料。

郸城韭菜园遗址发掘区全景

郸城韭菜园遗址唐代窑址 Y3

郸城韭菜园遗址明代水井 J15

1. 瓷碗（H2 ：3）

2. 瓷碗（H18 ：6）

3. 瓷碗（J2 ：1）

4. 瓷盏（H2 ：1）

郸城韭菜园遗址出土瓷器

（执　笔：朱树政 段向阳）

邓州团结中路安置房升级改造考古发掘项目

自2021年10月起，为配合邓州市团结中路安置房升级改造项目建设，河南省文物考古研究院联合邓州市文化广电和旅游局，对项目占地开展考古发掘工作。发掘面积1200余平方米，发现宋金时期房址、排水管道、道路、灶和灰坑等遗迹现象。

发掘证实，已揭露的宋金街区与排水系统与发掘区东侧国家重点文物保护单位“福圣寺塔”所在寺院相连，清理出的排水管道属城市公共设施，房屋占压公共街道搭建铺面，商铺已突破了坊墙的限制。这是我国古代城市由北宋之前的里坊制封闭军事管理式格局向北宋开放式管理格局转换的首次考古学发现，是历史上“侵街”现象的典型例证。

本次发掘的排水系统中的“卷輂水窗”、沿街“明渠”与“露龈造”等建筑，丰富了考古发现中城市水道系统与构造的类型，对北宋官方颁布的建筑制度《营造法式》“寨壕制度”中“卷輂水窗”和“砖作制度”中“卷輂河渠口”等相关制度与技术的研究具有重要意义，拓展了我们对古代营造制度的认识。丰富、精美的邓窑瓷器，说明这里是宋代名瓷邓瓷的销售市场，为中国陶瓷考古的重大发现，具有重要的考古学术研究价值和文物展示、利用和宣传等社会价值。

邓州团结中路安置房升级改造考古发掘项目全景照（上为北）

邓州团结中路安置房升级改造考古发掘项目“侵街”现象

邓州团结中路安置房升级改造考古发掘项目排水管道

邓州团结中路安置房升级改造考古发掘项目出土白瓷玉壶春瓶

瓷行炉

瓷狮

瓷蟾蜍

瓷粉盒

坩埚

邓州团结中路安置房升级改造考古发掘项目出土精美遗物

青瓷碟

虎面瓦当

铜镜

陶球、骰子、棋子

印模

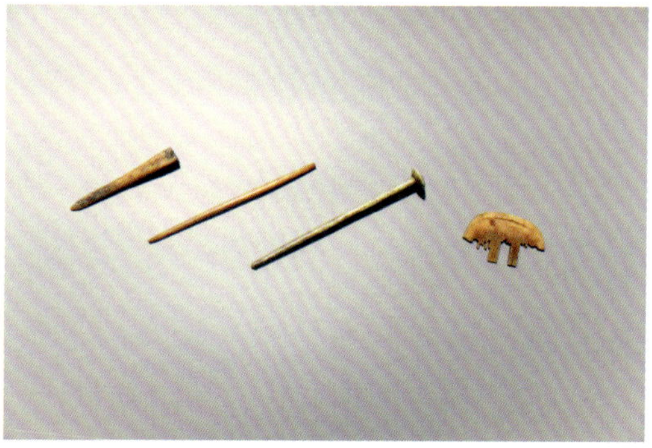
骨器

邓州团结中路安置房升级改造考古发掘项目出土精美遗物

（执　笔：包伟柯）

辉县百泉书院遗址

百泉书院遗址是全国重点文物保护单位“百泉”的重要组成部分，位于新乡辉县市百泉镇百泉村西北苏门山南麓，西邻百泉湖。书院旧址南北长 64 ～ 192 米，东西宽 77 ～ 157 米，占地面积约 20000 平方米，地上建筑目前已无存。根据文献记载，百泉书院创建于明成化十六年（1480 年），为河南同期创建的四座官办书院之一。清乾隆十五年（1750 年），百泉书院被改建为“乾隆行宫”。1951 年 11 月，原平原省政府在书院旧址处创建平原省百泉干部疗养院。

为配合辉县市百泉景区环境整治及百泉书院遗址保护展示工作，经国家文物局批准，2021 年 4 ～ 8 月，河南省文物考古研究院联合新乡市文物考古研究所、辉县市文物保护中心对百泉书院遗址进行考古发掘，揭露面积约 2700 平方米。

发掘区地层可分 2 层：第①层为现代层，厚 0.10 ～ 0.40 米；第②层为近代层，厚 0.15 ～ 0.40 米。清理遗迹 12 处，包括泮池 1 座、水沟渠 2 条、水井 1 眼、房基 5 座、廊道 1 处、房基址 1 座及墙基 1 处。出土陶器、瓷器、钱币和碑刻等遗物 30 余件，其中《百泉书院偶述碑》是经过考古发掘、具有明确出土地点且与百泉直接相关的碑刻，具有重要价值。

本次发掘是首次对百泉书院遗址进行的考古发掘，发现了大殿、号房及畔池等重要遗迹，初步厘清了书院的布局及演变情况，为百泉书院遗址的保护展示奠定了良好的基础。

辉县市百泉书院遗址建筑基址（北—南）

辉县市百泉书院遗址建筑基址（北—南）

辉县市百泉书院遗址水沟渠（南—北）

辉县市百泉书院偶述碑

（执　笔：杨文胜　吴伟华）

濮阳台前县顾庄村古代水工设施遗址

2020 年 12 月～ 2021 年 5 月，经国家文物局批准，河南省文物考古研究院联合濮阳市文物保护管理所、濮阳市台前县文化广电旅游体育局，对濮阳市台前县夹河乡顾庄村古代水工设施进行抢救性考古发掘。实际发掘面积约 7000 平方米。

此次发掘基本完整揭露了顾庄村古代水工设施，了解了水工设施的结构布局。水工设施由南北墙体、上下裹头、上下雁翅、迎水牙丁、桥体墩址、龙脊及石铺海墁等部分构成。另外清理出少部分与滚水坝外接的护堤石。

台前县夹河乡沙湾村北、后夹河村东南早年曾出土乾隆二十七年（1762 年）“滚水坝”碑一通。依据碑文此处原有滚水坝旧址，建于清乾隆二十三年（1758 年）。此外，清代陆耀《山东运河备览》、高晋《钦定南巡盛典》等书均对此处的“滚水坝”有记载，并详细记述了滚水坝的尺寸和结构布局。此次发掘的水工设施的位置及布局与文献记载“滚水坝”的有关情况相近，且出土铁锭上见有“滚水坝”三字。结合地层及其他出土遗物情况推测，其可能是与京杭大运河会通河相关的一处滚水坝旧址，时代为清代。

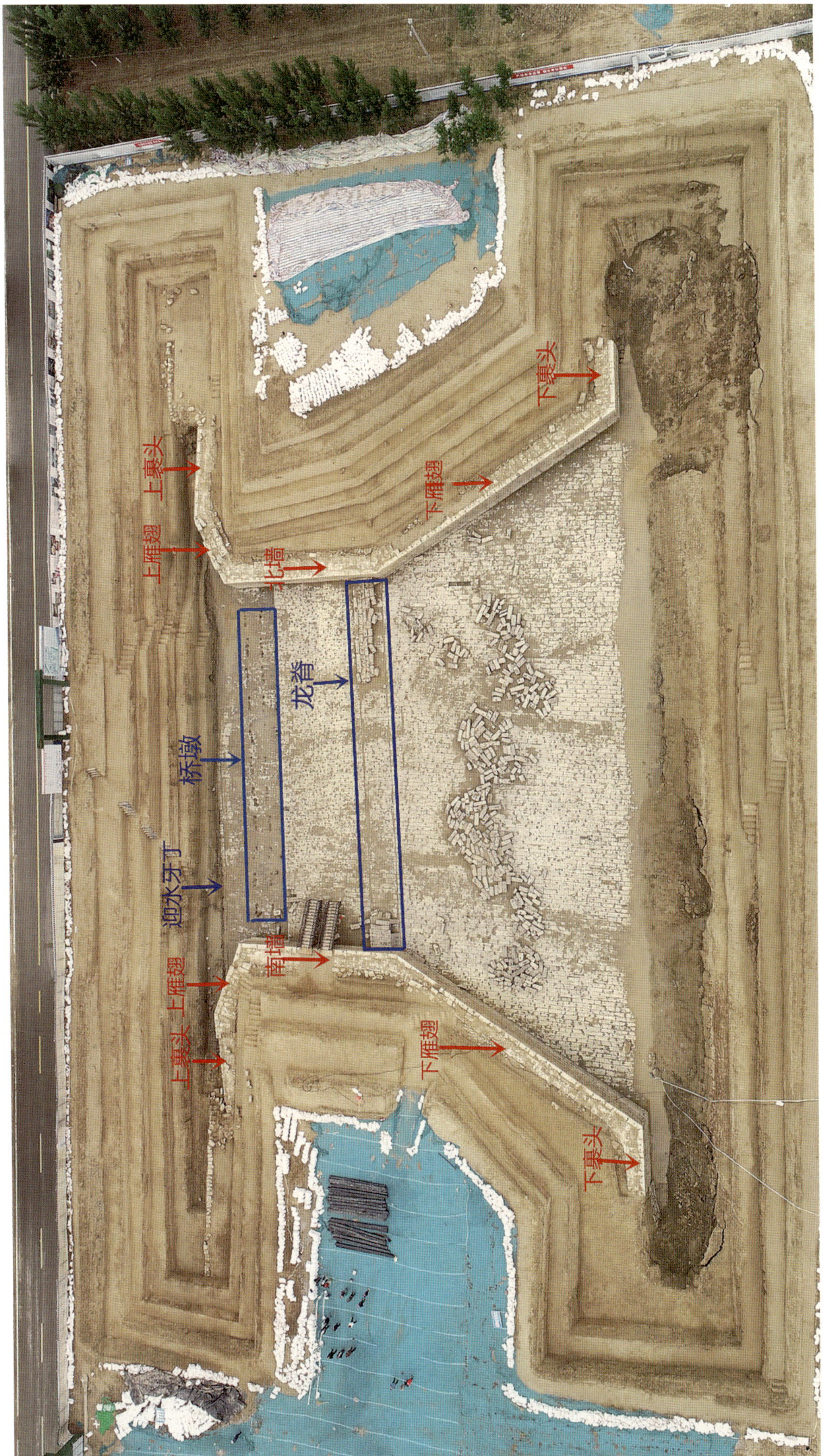

濮阳市台前县顾庄村古代水工设施遗址滚水坝结构布局（东—西）

濮阳市台前县顾庄村古代水工设施遗址迎水牙丁（左为西）

濮阳市台前县顾庄村古代水工设施遗址桥体墩址

（执　笔：李一丕）

伍

公众考古与遗产保护

FIVE

一、公众考古

（一）“考古百年中原行”系列公众考古讲座活动

2021 年 5 ～ 12 月，河南省文物考古研究院联合河南日报报业集团顶端新闻及郑州图书馆共同举办“考古百年中原行”系列公众考古讲座活动。除我院学者外，活动还先后邀请了来自中国社会科学院考古研究所、中国古陶瓷学会及郑州大学等单位的著名学者做相关报告。讲座共举办 13 场，内容涉及河南考古百年成果、古代陶瓷、早期中国、古代礼制、古代青铜器、古代金银器及古代玉器等多个方面。

本系列讲座是近年来河南省首次举办的系列公众考古知识讲座，采用线上、线下同步进行的方式。全网曝光量 1 亿多次，直播场均观看人数 10 万余人次，微博话题“考古百年中原行”阅读量接近 800 万，多个讲座单场阅读量超百万，取得了良好的社会效果，获得了公众的认可。

此外，“考古百年中原行”系列活动还走进企业和学校，先后在长葛市颍川路学校、驻马店市河南豫信农业发展有限公司、郑州市八十六中学和郑州市实验高中等地举办了四场活动。

“考古百年中原行”讲座

刘海旺院长在“考古百年中原行”讲座做报告

（执 笔：周立刚）

（二）其他

为庆祝6月12日“世界文化和自然遗产日”，河南省文物考古研究院本部、郑州商城工作站、新郑工作站，以及南阳黄山遗址等发掘工地开展了悬挂标语、现场向公众宣传等活动，并及时在微信、微博上进行了报道。

（执　笔：马俊才）

黄山遗址是“考古中国——长江中游文明进程研究课题”重点项目。为加大公众考古方面的宣传力度，考古发掘人员在南阳黄山遗址发掘现场多次成功举行面向公众的参观讲解与实践考古活动，并配合中央电视台十套“探索发现”节目完成了5集南阳黄山遗址纪录片的拍摄与播出工作。

（执　笔：马俊才）

2021年8月26日，李一丕参加河南日报报业集团顶端主办的新闻微博连麦和网友座谈中国最早的长城——楚长城。

（执　笔：李一丕）

2021年9月23日，李一丕赴开封为河南大学文化产业与旅游管理学院的新生作题为《一位毕业生的专业历程》的报告。

（执　笔：李一丕）

2021年9～10月，为配合同年11月在郑州市博物馆举办的“汝窑与张公巷窑考古成果展”，赵宏等完成了文物标本的挑选、修复、拍照及资料编写工作。

（执　笔：赵　宏）

2021年10月2日，李一丕参加由郑州图书馆、河南象蕴文化传播有限公司主办的天中论坛“这里是河南”系列文化讲座，为公众做题为《河南古长城》的专题讲座。

（执　笔：李一丕）

2021年10月2日，李一丕完成由河南省文旅厅、河南卫视牵头，为央视拍摄的《国庆直播长城》节目之河南篇，并在当日上午的央视直播节目中讲述河南楚长城的相关考古知识。

（执　笔：李一丕）

2021年10月17日，马俊才在南阳中国文物信息交流中心主办的中国古代玉器培训班上，做了题为《南阳新石器时代玉器考古概述》的讲座。

（执　笔：马俊才）

2021年10月，马俊才配合河南电视台完成了“学习强国”《郑韩故城祭祀遗址》的拍摄工作。

（执　笔：马俊才）

2021年12月7～9日，李一丕在方城县、叶县配合内蒙古卫视、河南卫视进行“长城长”栏目河南楚长城篇的拍摄工作。

（执　笔：李一丕）

二、遗产保护

（一）遗产保护规划

1.《河南省大运河文化遗产保护传承专项实施规划》

2021 年 1 ～ 9 月，由刘海旺院长主持，李标标、张明哲等完成了《河南省大运河文化遗产保护传承专项实施规划》的文本、图纸、参考资料汇编和参考规划文件汇编等工作。规划编制期间，举办了多次专家咨询会和征求意见会议，该《规划》于 2021 年 6 月得到发改委和省文物局的通过并公布，9 月获得省文物局的项目结项批复。

（执　笔：李标标 张明哲）

2.《河南省文物影响评估报告编制规范》

2021 年 4 月，接河南省文物局的工作安排，李标标负责承担《河南省文物影响评估报告编制规范》的编制工作，7 月提交《规划》初稿，10 月根据相关机构的修改意见，完成修改稿并向审批部门提交。

（执　笔：李标标）

3.《叶县余庄遗址文物保护规划》

2021 年 7 ～ 9 月，马俊才、张明哲完成了《叶县余庄遗址文物保护规划》立项书的编写上报工作，并获批立项。

（执　笔：马俊才 张明哲）

4.《南阳黄山遗址文物保护总体规划》

2021 年，马俊才参与了《南阳黄山遗址文物保护总体规划》的编制工作。

（执　笔：马俊才）

5.《叶县文集遗址文物保护规划》

为顺利完成《叶县文集遗址文物保护规划》的编制工作，项目组成人员于2021年完成高标准地形的拍摄工作，并对大部分勘探调查资料进行了整理，正在编制规划文本。

（执　笔：马俊才　李标标）

6.《武陟县永济渠渠首石坝及河道遗址文物保护规划》

2021年10月底，《武陟县永济渠渠首石坝及河道遗址文物保护规划》编制工作立项，已开始收集资料，并开展现场核实工作。

（执　笔：李标标）

7.《安徽洞阳东吴墓加固维修立项报告》

安徽“洞阳东吴墓”为全国文物保护单位，入围2016年度全国十大考古新发现终评项目。现“洞阳东吴墓”面临裂缝、坍塌的风险，亟待实施加固措施。为保护国保文物安全，河南省文物考古研究院编制了《安徽洞阳东吴墓加固维修立项报告》，现已通过国家文物局审批，并列入2022年工作计划。

（执　笔：牛　爽　闫海涛）

8.《镇平县安国故城遗址文物保护规划考古调查勘探》

2021年，《镇平县安国故城遗址文物保护规划考古调查勘探》项目立项。

（执　笔：马俊才　张明哲）

（二）遗产保护专项考古调查钻探

1. 夏文化专项——济源庙街遗址

2021 年 4 ～ 11 月，考古人员完成夏文化专项——济源庙街遗址项目区域内济渎庙西、原城遗址公园东 8.60 万平方米的考古勘探任务，新发现房址 1 座、窑址 10 座、沟 5 条、灰坑 270 个及墓葬 3 座。

（执　笔：包伟柯）

2. 郸城段寨遗址

2021 年 1 ～ 4 月，考古人员完成郸城段寨遗址的勘探调查工作。经勘探，基本确定遗址范围，发现早期居民点 1 处，夯土遗迹 33 处，水井 2 眼及寨河 2 道。遗址东侧发现 1 处东周墓葬区，面积约 5 万平方米。在遗址东南角 1 千米处发现 1 处龙山遗址，面积约 3 万平方米。目前已经完成报告编制工作，并提交至河南省文物局结项。

（执　笔：马俊才　牛　爽）

3. 宝丰县父城遗址

2021 年 6 ～ 10 月，河南省文物考古研究院完成了宝丰县父城遗址大城及周边遗存的部分考古工作，确定了护城河和城墙遗存的情况，发现了宫城内大型宫殿基址、制陶手工业作坊区、居住区及运粮河古河道等遗存。目前工作仍在进行。

（执　笔：马俊才　李标标）

陆

文物保护、科技考古与考古技术

SIX

一、文物保护与修复

（一）城烟遗址仰韶早期竖穴式陶窑保护修复

城烟遗址发掘了 1 座竖穴式升焰窑，窑室底部一周有 11 个圆形火眼，火门、火膛及窑箅等结构完整，是迄今发现的保存最好的仰韶早期陶窑。该竖穴式升焰窑已整体迁入庙底沟仰韶文化博物馆内。由于各种原因，陶窑本体出现了局部坍塌、开裂等病害，不利于陶窑的长期保存，且不能满足博物馆展示需求。为了更好地长期保存和展示陶窑，河南省文物考古研究院文物保护室对其进行了保护修复。

坍塌病害对窑体造成的破坏是毁灭性的，病害集中分布在火膛口处，其他地方局部裂隙较宽，存在坍塌隐患。工作人员选用 AMC 材料先对坍塌病害区域进行喷淋加固，使坍塌下来的土块与接口处强度增加，按照三维扫描数据对其进行支撑黏接修复。经修复，保护修复区域强度明显增加，黏接位置稳定。

陶窑本体裂隙分布范围广、数量多且宽度不一，使得窑体上的一些考古痕迹和蕴含的历史信息逐渐减少，甚至完全消失。更严重的是，如不采取保护措施，将造成陶窑结构失稳，情况严重将会导致窑体缺失、坍塌。陶窑裂缝的保护修复工作根据其裂缝宽度、深度的情况，针对性地采用填充、灌浆和锚固等保护措施。经修复，裂隙病害得到了有效的改善，经过观察，未发现异常情况，窑体稳定。

目前，经保护修复后的陶窑在庙底沟仰韶文化博物馆正常展出，本体情况稳定，满足展陈需求。

城烟遗址竖穴式升焰陶窑

城烟遗址竖穴式升焰陶窑坍塌病害修复前（左）后（右）对比图

城烟遗址竖穴式升焰陶窑开裂病害修复前（左）后（右）对比图

城烟遗址竖穴式升焰陶窑经修复后在庙底沟仰韶文化博物馆展出

（执　笔：崔新战）

（二）唐河县博物馆馆藏金属类和陶瓷类文物保护修复

为完善提升唐河县中心城区公共文化服务功能，丰富唐河县人民的精神文化生活，展示唐河悠久的历史文化，唐河县新建了唐河县博物馆。由于馆内大部分文物未经专业保护处理，保存现状较差，病害严重，无法满足博物馆展厅文物展陈和耐久保存需求。河南省文物考古研究院文物科技保护中心受唐河县博物馆委托，自 2018 年起，在唐河县博物馆开展馆藏金属类和陶瓷类文物的保护修复工作。相关文物主要存在不同程度的残缺、断裂、孔洞、脱落、酥粉及裂缝等病害问题。保护修复工作历时三年有余，合计完成 113 件金属文物和 192 件陶瓷文物的科学保护修复处理工作，项目涉及文物品类繁多，时代有序，是研究和展示唐河历史更替、民族文化变迁和南北文化交流的重要实物资料，具有非常重要的历史价值、艺术价值、科学价值和社会教育价值。2021 年 11 月，项目组成员完成项目结项材料汇编，报请河南省文物局结项，并于 2021 年 12 月顺利通过河南省文物局专家组结项验收。

（执　笔：王鑫光）

（三）信阳博物馆馆藏青铜文物保护修复方案编制

为保证馆藏文物能够满足展陈和长久保存的需求，信阳博物馆对库房文物现状进行调查，发现馆藏青铜文物在内因（结构、成分）和外因（保存环境）两方面影响下，整体保存情况相对较差，部分青铜文物不断腐蚀矿化，粉状锈蔓延滋生，无法满足博物馆展陈和恒久保存需要。2021 年 3 月，信阳博物馆委托河南省文物考古研究院文物科技保护中心就其馆藏脆弱青铜文物制订保护修复方案。在根据国家文物局《馆藏金属文物保护修复方案编写规范》WW/T 0009—，在对信阳博物馆库房保存现状做出针对性现场调查、检测分析和综合评估的基础上，工作人员于 2021 年 7 月编撰完成《信阳博物馆馆藏青铜器保护修复方案》。方案经河南省文物局专家审核，获河南省文物局批复后可开展实施。

（执　笔：王鑫光）

（四）辉县人民医院墓地出土白瓷的产地研究

为探究辉县人民医院墓地出土白瓷的产地，文物保护工作人员选取同时期巩义白河窑和黄冶窑，河北邢窑、磁州窑和定窑等典型白瓷窑场的样品与辉县人民医院墓地出土白瓷进行对比，可判断辉县人民医院墓地样品以北方白瓷传统的高铝质黏土做胎，且其 SiO_2 和 Al_2O_3 含量与巩义地区的原生高岭土非常接近，说明其产地很可能就在巩义地区。但致色元素 Fe 和 Ti 含量高于巩义窑唐代晚期产品，且施化妆土。同时，将各大窑址瓷釉中的助熔剂与辉县人民医院墓地样品进行对比，可发现样品在助熔剂方面与定窑、邢窑的产品分区较为明显，与黄冶窑、白河窑和部分磁州窑产品有重叠。结合胎釉的成分分析可发现，其与黄冶窑、白河窑产品在原料、工艺方面都存在很强的联系。综上，生产这批白瓷的窑口存在两种可能：第一，可能为巩义窑所产，但属于晚期产品，非高质量白瓷产品，消费群体为普通民众；第二，可能为巩义地区尚未发现的其他较低等级的民窑所产，这个窑场在巩义地区开采原料，制作技术亦受到了黄冶窑和白河窑的影响。

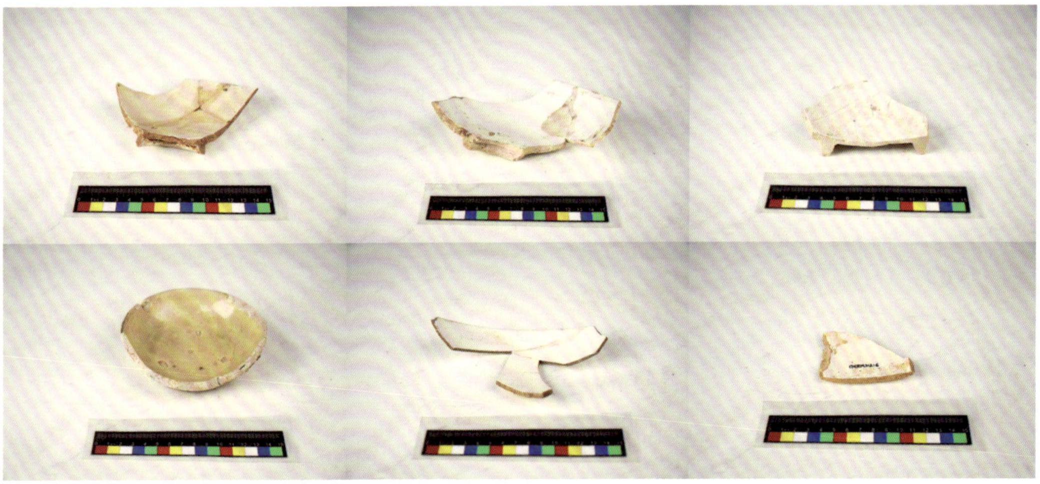

辉县人民医院墓地出土白瓷样本

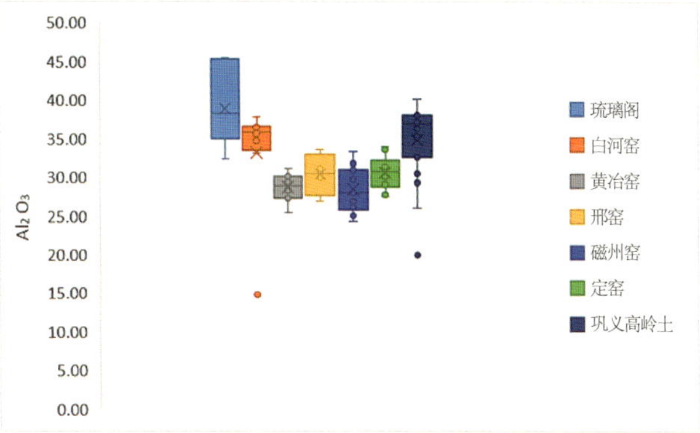

瓷胎 Al_2O_3 含量箱式图

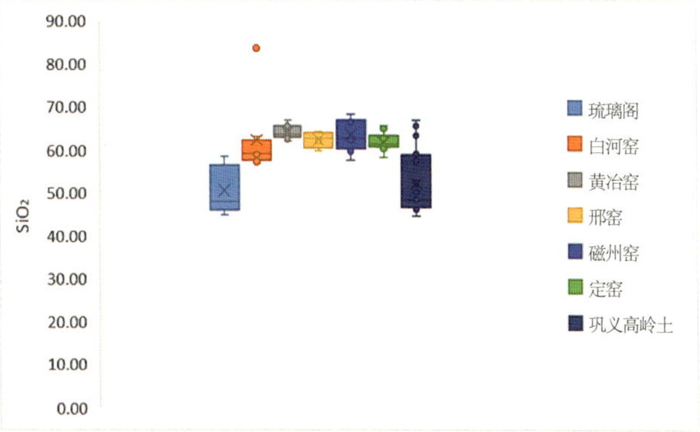

瓷胎 SiO_2 含量箱式图

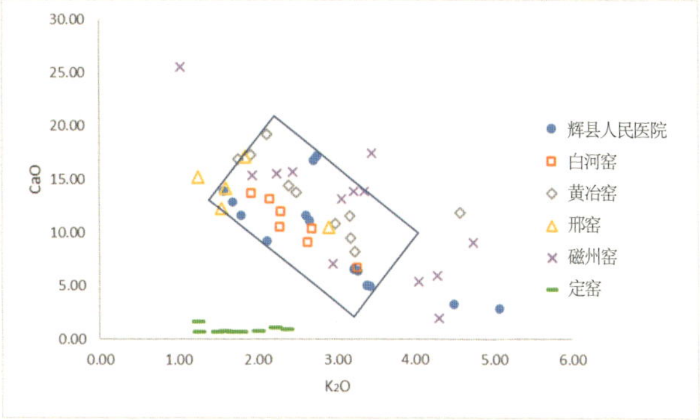

瓷釉 K_2O 和 CaO 含量散点图

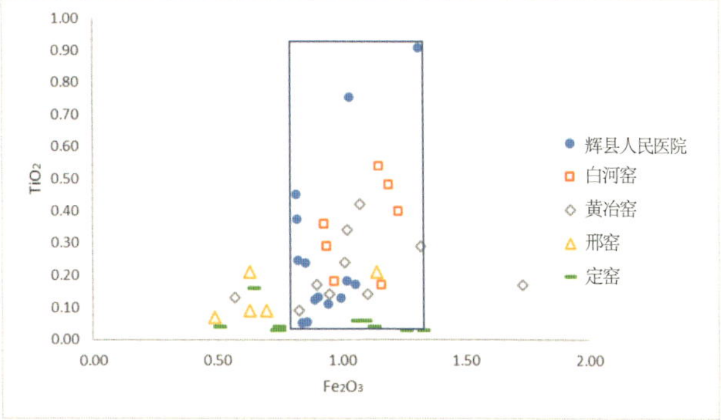

瓷釉 Fe_2O_3 和 TiO_2 含量散点图

（执　笔：刘　欣）

（五）州桥遗址元明时期青花瓷的分析和研究

为了解州桥遗址出土青花瓷的产源与工艺情况，文物保护工作人员选取州桥遗址元明时期的青花瓷对其制作来源及工艺差别进行分析和研究。将州桥出土青花瓷与同时期的江西景德镇御窑、民窑，江西乐平窑、临江窑，云南建水窑，福建漳州窑和德化窑瓷胎数据做对比，发现无论是瓷土、瓷石的主要成分硅铝，还是影响胎色的铁钛，州桥出土青花瓷与景德镇民窑产品都高度重合。在胎体研究的基础之上，又对釉和钴料进行分析，将州桥出土青花样品的 CaO/K_2O 与明代景德镇御窑、民窑和元代景德镇窑数据做箱式图进行对比，发现州桥出土青花瓷的比值低于御窑，而与民窑完全重合。一方面，这进一步验证了这批青花瓷的产地；另一方面，也揭示其在制作工艺方面，助熔剂成分更依赖于釉果。钴料的分析结果表明其所用青料为国产料，即民窑和明中期御窑产品重合度良好。综上可知，州桥遗址出土的这批青花瓷，由景德镇民窑利用国产青料制成，很可能是借助运河和自然水系，由景德镇出发，自南而北进入广阔的北方市场。

州桥遗址元明时期青花瓷样本

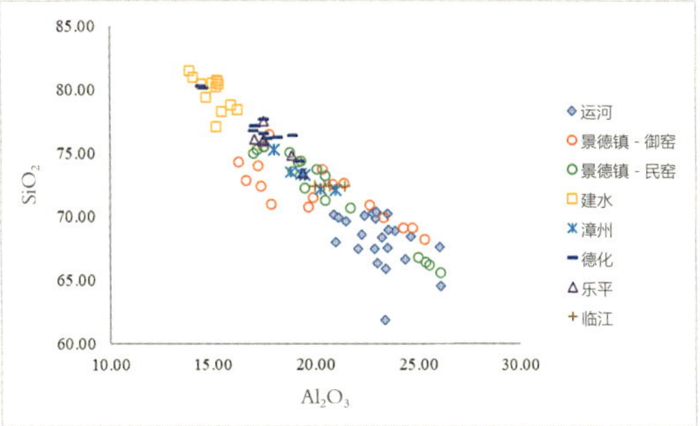

瓷胎 SiO_2/Al_2O_3 含量分布散点图

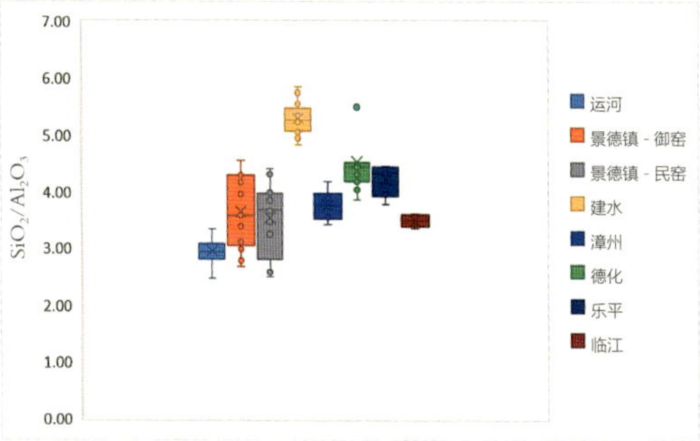

瓷胎 SiO_2/Al_2O_3 比值箱式图

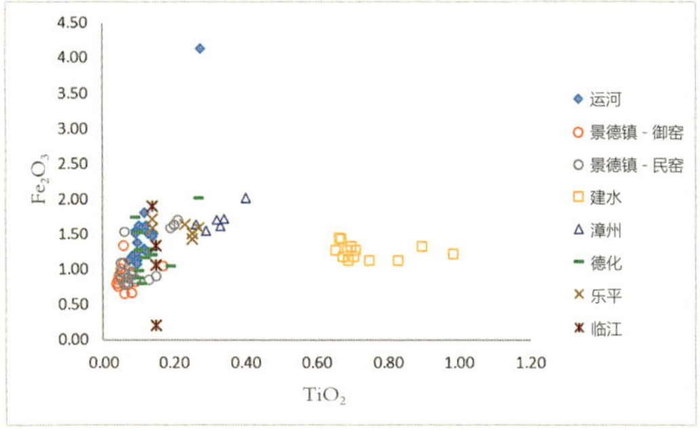

瓷胎 Fe_2O_3/ TiO_2 含量分布散点图

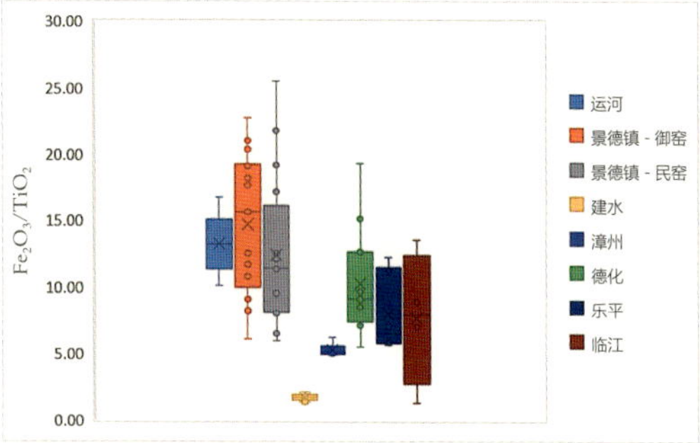

瓷胎 Fe_2O_3/TiO_2 比值箱式图

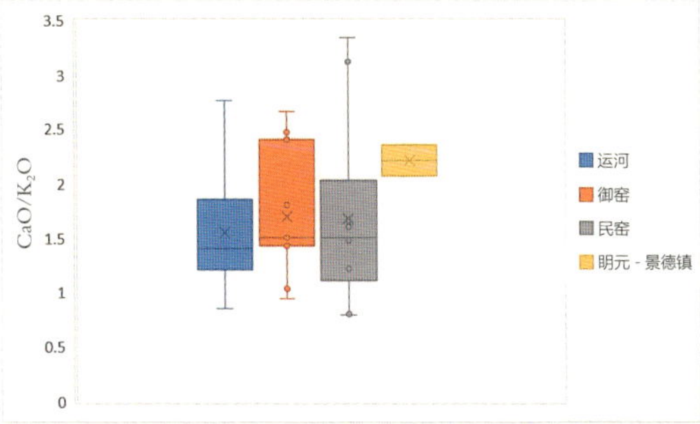

青花瓷面釉 CaO/K_2O 比值箱式图

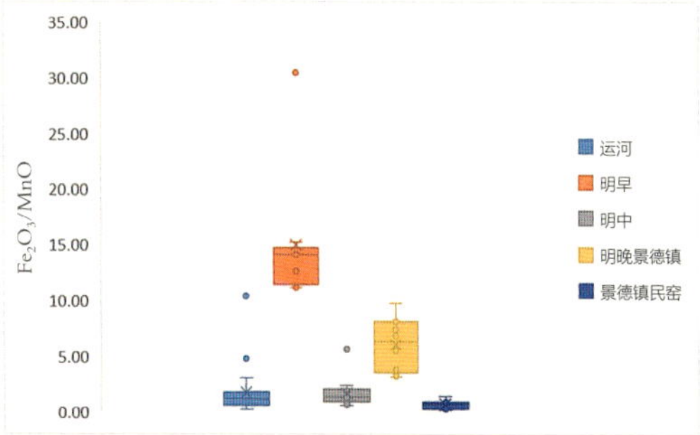

青花瓷钴料 Fe_2O_3/MnO 比值箱式图

（执　笔：刘　欣）

二、科技考古

（一）体质人类学

2021 年，科技考古研究室工作人员主要完成了淅川下寨遗址人骨的整理工作，并对新乡原阳善护寺明代人骨、小双桥遗址唐代人骨、三门峡李家窑遗址人骨、鲁山望城岗唐至明清人骨、济源王虎遗址唐至清代人骨和叶县余庄墓地部分人骨进行了整理，包括室内清洗、性别年龄鉴定、颅骨与肢骨的观察和测量、骨病与牙病的观察和统计等整理工作。

（执 笔：孙 蕾）

（二）动物考古

1. 现生动物骨骼比较标本库建设工作

2021 年，动物考古工作人员继续丰富本院现生动物骨骼比较标本库。工作人员赴陕西、湖北、北京和河南固始等地，采集了秦川黄牛、江汉水牛、北京鸭、固始鸡等地方动物品种，共 62 个个体，运抵实验室后，将其制作成骨骼标本。

（执 笔：侯彦峰）

2. 动物遗存的整理与鉴定

2021 年，动物考古工作人员完成了济源王虎遗址、张王庄遗址等 4 个遗址出土动物遗存的鉴定、整理工作，完成了三门峡李家窑、焦作府城等 3 个遗址的部分出土动物遗存的鉴定工作。

（执 笔：侯彦峰）

3. 动物考古研究与合作

（1）新郑郑韩故城制骨作坊。

2021 年，动物考古工作人员完成了 1989 年发掘的新郑郑韩故城制骨作坊出土骨料的整理工作。发现该制骨作坊生产的产品主要包括骨币、骨珠、骨簪及骨针等 12 种产品。制骨原料主要为马、牛肢骨和鹿角，制作流程主要包括选料、截料、开料、制坯及打磨（抛

郑韩故城遗址制骨作坊部分骨器成品

郑韩故城遗址制骨作坊部分骨珠成品

郑韩故城遗址制骨作坊部分骨钻头

郑韩故城遗址制骨作坊出土骨钻头与骨珠契合度观察

光）等，加工工艺主要包括锯、锯挫、削、钻、磨和抛光等。

其中，最为有趣的是发现了 108 支骨钻头。通过肉眼形态观察、三维形态扫描数据分析、体视显微镜下微痕分析和重构实验，工作人员对这批骨钻头进行了较为深入地研究，确定其为“钻头”，主要用于“骨珠”钻孔，重构实验也表明骨钻头可有效地在骨头上钻孔。郑韩故城制骨作坊遗址出土的这批春秋至战国时期用于钻骨头的“骨钻头”，对研究工具史、古代手工业等具有重要意义。

（执　笔：侯彦峰）

（2）其他。

为推进郑韩故城 3 号车马坑马骨的研究工作，河南省文物考古研究院与法国图卢兹第三大学保罗·萨巴蒂尔 Ludovic Orlando 教授开展“新郑郑韩故城三号车马坑等遗址马骨基因组学研究”；与英国牛津大学考古与艺术史研究实验室 Julia Lee-Thorp 教授合作，开展河南灵宝西坡遗址出土猪骨骼、牙齿科技分析和研究；与美国科罗拉多大学 William T.T. Taylor 合作开展“欧亚大陆早期马匹的使役研究”；与美国纽约大学 Roderick Campbell 教授合作开展“商代骨器研究”。

（三）骨骼同位素研究

2021 年，考古工作人员对蒙古国高勒毛都 2 号墓地匈奴贵族及殉人稳定碳氮同位素及锶同位素进行了分析研究，同时开展了两个匈奴平民墓地的稳定碳氮同位素的对比分析工作。

（执　笔：周立刚）

三、考古技术

2021年，考古数字化技术研究室工作人员完成了以下工作：

（1）遗址影像采集：完成12处考古发掘工地影像采集及10处重要遗址低空影像采集任务，包括孟州禹寺遗址、南阳夏庄墓地、新乡获嘉墓地、灵宝北阳平墓地、潢川黄国故城、正阳临淮故城和鲁山仙人洞遗址等。

（2）出土文物影像采集：拍摄出土器物照片3000余张，拍摄对象为灵宝城烟遗址、驻马店高明楼遗址、开封顺天门遗址、开封州桥遗址、舞阳张王庄遗址、渑池仰韶村遗址和潢川余楼墓地等遗址的出土文物。

（3）会议及活动现场影像采集：完成17项重要会议及活动的影像采集工作，会议包括“考古百年”系列活动、青年学者沙龙活动、老干部座谈会、郑州图书馆讲座、党课比赛、党组织学习会议、考古培训班开班和年终汇报会等。

（执　笔：武志江）

柒

资料信息管理与书刊编辑

SEVEN

考古资料信息室

一、日常工作

2021 年，考古资料信息室工作人员顺利完成了文物库房、文物资料库房和图书资料室的日常工作，包括文物库房及标本室接待参观、外展，文物出入库的管理，文物资料管理及图书管理，文物库房、文物资料库房及图书资料室的防火、防蛀、防盗等安全工作。确保全年生产、生活安全无事故。

（一）图书资料管理

2021 年，考古资料信息室工作人员顺利完成院 2020 年订阅杂志的整理工作，包括散装期刊杂志的盖章、贴条码和入库上架工作；完成 2021 年日常期刊杂志的收发及图书资料的借阅、归还工作；完成 2022 年期刊杂志订阅工作。

（1）登记图书总账（登记号 56340—56528）共计 189 本；电脑数据库录入图书（10062748—10062907）共计 160 册，并完成盖章、贴条码、分类码及入库等工作；整理期刊杂志共计 1169 册（20018047—20019215），并完成盖章、贴条码、入期刊库等工作。

（2）完成图书采购及交换工作，共计 444 册。与湖南博物馆、湖南考古所、重庆考古所等单位交换图书共计 122 册；购买专业图书 322 册。此外，还接收赠送图书 10 本。

（3）完成 181 册古籍善本的保护修复工作。

（4）完成三楼东侧图书库及图书换库的搬运布置工作。

（二）文物资料管理

（1）2021 年，考古资料信息室工作人员为配合三门峡庙底沟仰韶文化博物馆陈展，完成了院藏的 203 件文物的查找、测量和拍照工作，遗址涉及王岗、黄楝树、西坡、荒坡、贾湖和王城岗等。

（2）配合建院 70 周年成果展，查找相关文物资料 135 份。

（3）配合舞阳贾湖博物馆工作，查找、制作文物数据清单 481 份。

（4）接收郏县蓝庄发掘资料 22 份并登记入库归档。

（5）接收荥阳鲁庄墓地拓片 21 份、京杭大运河会通河台前段碑刻拓本 22 份和周懿王墓壁画拓片 34 份。

（6）向郑州市管城区文物局借出郑州商城照片底片共计 214 份。

（7）截至目前，整修、整理发掘资料档案 5000 余份、照片资料 18500 余份及魏晋隋唐时期佛教造像记（发愿文）225 余份。

（8）完成文物入库登记工作，共计 7000 余份。

（三）文物库房

（1）标本室接待参观人数 150 余人次；接待专家、领导参观、检查库房 10 余次；调整标本室，完成布展工作，补充文物 100 余件。

（2）接收入库文物共计 698 件 / 组；配合院内科研项目工作，提取文物 140 件。

（3）开展南水北调文物点交接工作，完成南水北调文物账册电子化工作。

（4）完成 21 批次文物借展工作，涉及文物 4687 件 / 组。目前尚有 3 家单位的借展工作正在进行中。

二、其他

（1）2021 年，考古资料信息室工作人员完成了省局分配我院的“河南省省级以上文保单位保护区划电子围栏建设”的具体工作。

（2）考古资料整理工作包括：继续进行鲁山望城岗墓地资料整理工作；完成滑县三义寨遗址资料整理与报告编写工作；完成荥阳鲁庄墓地资料整理及图书出版工作；完成《追迹文明——新中国河南考古七十年》图书资料整理及出版工作。

《华夏考古》编辑部

2021 年，《华夏考古》编辑部工作人员坚守职业道德，肩负殷殷期盼，迅速调整，在考验中求成长，在困境中觅发展，一如既往地为学科的持续发展和人才队伍的培养“保驾护航”。

2021 年是中国共产党成立 100 周年，也是新中国现代考古学诞生 100 周年。编辑部人员认真学习习近平总书记致仰韶文化发现和中国现代考古学诞生 100 周年贺信精神，深刻领会，汲取养分，将所学融入工作岗位，继续保持积极的工作态度，提升工作质量。

在管理方面，按照院里的部署，细化编辑部的工作流程和内容，写进“岗位职责和任务”。在执行往年各项管理制度的基础之上，新增通校、互校等流程，进一步提升校样的编校质量。

为纪念中国现代考古学诞生 100 周年，缅怀我院安金槐先生诞辰 100 周年，《华夏考古》在第 3 期和第 4 期分别刊发两组专稿，向先辈们牺牲自我、无私奉献的精神致以崇高的敬意。自 2021 年第 4 期始，首次在文章后附二维码，尝试借用科技手段为读者带去更加丰富的阅读体验。为扩大学术影响力、活跃学术气氛，在主管单位官微上推送《华夏考古》每期要目预览及重要文章共 7 次。2021 年 3 月 19 日，在三门峡与河南省文物考古学会联合举办“2020 河南考古新发现论坛”，对推选出的项目及时进行了发布。

在“7·20”暴雨之时，编辑部成员李芝灵在暴雨中抢救被淋书刊的举动和保护集体财产的精神令人感动，为我们树立了学习的榜样。

“7·20”暴雨抢救杂志

捌

科研项目与成果

EIGHT

一、科研项目

（一）A类 2021年结项项目

曹艳朋承担的河南省属科研院所基本科研业务经费项目“田野考古中‘北’方向问题研究”于2021年7月顺利结项，结项评价为优。

刘欣承担的河南省属科研院所基本科研业务经费项目“叶县文集遗址出土瓷器制作工艺研究”顺利结项。

魏兴涛主持，李金斗、张小虎等参与的河南省文物局文物保护专项项目“灵宝盆地新石器时代遗址调查、资料整理与研究”顺利结项。

魏兴涛主持，李金斗等参与的河南省文物局文物保护专项项目“舞阳盆地新石器时代遗址调查”顺利结项。

赵清坡承担的河南省属科研院所基本科研业务经费项目“鲁山旧石器洞穴考古调查”顺利结项。

周立刚承担的国家社科基金青年项目“曹操高陵与陵园综合研究”顺利结项，结项评价为良好。

周立刚承担的河南省南水北调文物科学与技术研究项目“河南省南水北调工程区域古代居民饮食研究”顺利结项，结项评价为优。

周润山承担的省级财政补助项目“浚县黎阳仓——黎阳故城遗址水系联通工程考古调查及勘探工作”顺利结项，结项评价为优。

（二）B 类 2021 年新承担项目

包伟柯参与的教育部人文社科科研项目“河南卢氏县拐峪早期绿松石采矿遗址调查研究”（项目批号：17YJC780007）顺利立项。

曹艳朋承担的基本科研项目“驻马店薛庄遗址发掘资料整理与研究”顺利立项。

曹艳朋承担的国家社科一般项目“淅川下寨：仰韶至石家河文化墓葬发掘报告”顺利立项。

李一丕承担的省社科规划项目“濮阳地区夏代时期考古学文化探索与研究”（项目批准号：2021WT32）顺利立项。

梁法伟承担的国家文物局项目“禹州瓦店遗址考古发掘”立项并顺利结项。

梁法伟承担的省社科项目“颍河中游夏文化遗址调查与研究”顺利立项。

梁法伟承担的河南省文物局项目“夏文化考古学探索文献集成”顺利立项。

梁法伟承担的河南省文物局项目“河南省夏文化相关遗址专项调查报告编撰出版”顺利立项。

梁法伟承担的河南省文物局项目“河南省夏文化重要遗址保护办法立法调研”顺利立项。

刘欣承担的河南省属科研院所基本科研业务经费项目“贾湖遗址 M14 打包件的实验室微观发掘”顺利立项。

魏兴涛主持，李晓燕、张小虎、李金斗等参与的河南省社科规划委托项目“豫西晋南交界地区新石器时代建筑与文明化进程研究”顺利立项。

武志江、任潇承担的省级文物保护资金资助项目“信阳市淮河干流两岸古代独木舟调查与研究考古工作计划”顺利立项。

武志江、任潇承担的河南省文物局项目“信阳市息县包信镇赖国故城考古工作计划”顺利立项。

杨树刚承担的省科技厅基本科研费项目“郑州商城遗址创新街小学北校区冶金遗存研究 ”顺利立项。

周润山、李标标承担的河南省文物局项目“文物影响评估报告编制规范”顺利立项。

赵清坡承担的河南省属科研院所基本科研业务经费项目“汝州地区旧石器考古调查”顺利立项。

二、成果

（一）荣誉

2021 年 1 月，魏兴涛被河南省人力资源与社会保障厅认定为河南省高层次（B 级）人才。

2021 年 3 月 26 日，淮阳时庄遗址入围“中国社会科学院考古论坛·2020 年中国考古新发现”。

2021 年 4 月，淮阳时庄遗址入选“2020 年度河南省五大考古新发现”。

2021 年 4 月 13 日，淮阳时庄遗址入选“2020 年度全国十大考古新发现”。

2021 年 10 月，魏兴涛论文《仰韶文化与黄河史前文明探索》荣获 2020 年度河南省社科优秀成果一等奖。

陈家昌主持完成的“南京大报恩寺地宫出土阿育王塔变形木胎润胀复原保护修复”在中国文物学会、中国文物报社联合举办的保护修复项目评审活动中，被评为“2021 年全国优秀文物藏品修复项目”。

赵宏参与编写的《宝丰清凉寺窑（上、下册）》，荣获河南省社科优秀成果二等奖。

王团结在国家文物局主办，山东省文物局承办的 2021 年全国文物职业竞赛中，获得陶瓷修复组二等奖。

2021 年 4 月，曹艳朋被授予“第八届省直机关优秀青年”荣誉称号。

2021 年 6 月，辛革、曹艳朋、梁法伟被评为河南省直机关 2019—2020 年度“两优一先”优秀共产党员。

荣誉证书

河南省文物考古研究院：

贵单位主持的河南淮阳时庄遗址考古发掘项目荣获2020年度全国十大考古新发现。

特发此证

中国文物报社　中国考古学会

二零二一年四月十三日

淮阳时庄遗址获奖证书

（二）著作

1、A类 专著

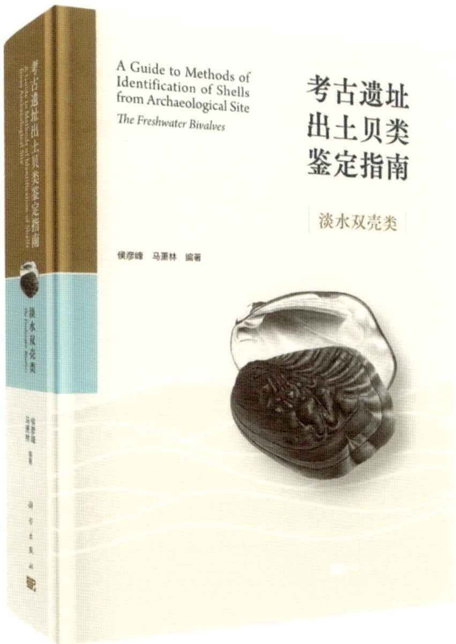

《考古遗址出土贝类鉴定指南——淡水双壳类》

刘海旺等：《中国出土彩陶全集·河南》，北京：科学出版社，洛阳：龙门书局，2021年。

刘海旺、衡云花：《唐三彩窑研究》，北京：科学出版社，2021年。

刘海旺、王瑞雪：《追迹文明——新中国河南考古七十年》，北京：科学出版社，2021年。

侯彦峰、马萧林：《考古遗址出土贝类鉴定指南——淡水双壳类》，北京：科学出版社，2021年。

胡永庆等：《璆琳琅玕——河南古代玉器和玻璃器的科学研究》，郑州：大象出版社，2021年。

胡永庆等：《美琼汇瑰》，南宁：广西美术出版社，2021年。

孙凯、王瑞雪等：《荥阳鲁庄墓地》，北京：科学出版社，2021年。

2、B 类 期刊与著作析出文章

包伟柯：《洛南河口遗址出产绿松石产地特征研究》，《第四纪研究》2021 年第 1 期。
包伟柯：《河南通济渠永城段文化遗存》，《大众考古》2021 年第 6 期。
包伟柯：《通济渠永城段的考古发现》，《大众考古》2021 年第 8 期。

曹艳朋：《田野考古中“北”方向问题探究》，《华夏考古》2021 年第 2 期。

陈家昌：《基于环境适应性理念的遗址博物馆潮湿土遗址保护研究探索》，《文化遗产研究（第四辑）》，北京：科学出版社，2021 年。

侯彦峰：《浅谈田野考古动物遗存采集》，《华夏考古》2021 年第 1 期。
Zhang Q, Hou Y, Li X, Styring A, Lee-Thorp J (2021) Stable isotopes reveal intensive pig husbandry practices in the middle Yellow River region by the Yangshao period (7000 - 5000BP). PLoS ONE 16(10): e0257524. https://doi.org/10.1371/journal.pone.025752（共同第一作者，共同通信作者）

胡永庆（第二作者）：《河南固始侯古堆一号墓出土东周玉器的科技分析》，《光谱学与光谱分析》，2021 年第 4 期。
Yongqing Hu（第三作者）：Tentative determination of a special bronze material by multiple technological test on a xuan-liu dagger-axe from the Xujialing Site, the Eastern Zhou period, Henan Province, China. Journal of Cultural Heritage. 2021.8.Pages 304-312.

李素婷：《河南郭邓遗址浮选碳化植物遗存分析》，《人类学学报》2021 年 6 期。

李标标：《以文化遗产的视角探析大运河文化的内涵和意义》，《文物鉴定与鉴赏》2021 年 6 月。

梁法伟：《河南荥阳东柏朵遗址夏商遗存发掘简报》，《华夏考古》2021 年第 3 期。
梁法伟：《河南许昌宋庄遗址发掘简报》，《华夏考古》2021 年第 4 期。
梁法伟：《河南禹州瓦店遗址 WD2F1 建筑发掘简报》，《华夏考古》2021 年第 6 期。

梁法伟（第二作者）：《禹州瓦店龙山时期 WD2F1 祭祀遗存初探》，《华夏考古》2021 年第 6 期。

刘亚玲：《华夏考古学术论坛（三门峡·2020）》，《华夏考古》2021 年第 1 期。
刘亚玲：《新郑郑韩故城南城墙发掘简报》，《华夏考古》2021 年第 2 期。
刘亚玲、余洁：《2020 年度河南省五大考古新发现》，《华夏考古》2021 年第 3 期。

马俊才、闫海涛、张明哲：《河南南阳黄山遗址》，《考古中国重大考古成果（2018—2020）》，北京：文物出版社，2021 年。
马俊才：《“新田模式”与三晋都城探讨》，《三代考古（九）》，北京：科学出版社，2021 年。
马俊才：《郑、韩、魏与洛阳东周考古百年》，《中国考古学百年史》，北京：中国社会科学出版社，2021 年。

孙凯、王瑞雪等：《河南鲁山望城岗冶铁遗址 2018 年度调查发掘简报》，《华夏考古》2021 年第 1 期。
孙凯：《京杭大运河会通河台前段考古调查勘探简报》，《运河学研究》（第 6 辑），北京：社会科学文献出版社，2021 年。
孙凯：《河南明代周藩王陵调查研究纪略》，《大众考古》2021 年第 3 期。

孙蕾、曹艳鹏、张海：《河南平粮台和郝家台遗址龙山文化的颅骨形态学分析》，《江汉考古》2021 年 5 期。
孙蕾:《河南淇县宋庄东周墓葬一例殉人骨骼上发现疑似类风湿关节炎》,《人类学学报》2021 年第 40 卷（网络版）。

魏兴涛：《平顶山蒲城店遗址东周墓葬及相关问题》，《中国国家博物馆馆刊》2021 年第 2 期。
魏兴涛：《从文化到文明化》，《华夏考古》2021 年第 4 期。
魏兴涛、李金斗：《河南舞阳张王庄遗址发掘简报》，《华夏考古》2021 年第 4 期。
魏兴涛：《仰韶文化与黄河史前文明探索》，《考古学家眼中的中华文明起源》，北京：文物出版社，2021 年。
魏兴涛：《讲好“黄河故事”早期文明篇章》，《中原智库 2021》，河南人民出版社，

2021 年。
魏兴涛：《传播仰韶文化需要多种有趣的方式》，《百年仰韶》，郑州：中州古籍出版社，2021 年。

吴伟华、贾一凡：《河南省叶县余庄遗址》，《考古中国重大项目成果（2018—2020）》，北京：文物出版社，2021 年。

辛革、孙凯、崔天兴：《河南明代藩王墓建筑琉璃成分分析及相关问题》，《华夏考古》2021 年第 6 期。

杨树刚：《城市记忆——考古书写的郑州商城城市生命史》，《中韩城市文化遗产的调查研究与保护 2021》，2021 年。
杨树刚（第二作者）：《郑州古代城市考古的回顾和思考》，《华夏考古》2021 年第 2 期。
杨树刚（通信作者）：《The impact of Ancient Landscape Changes on the City Arrangement of the Early Shang Dynasty Capital Zhengzhou, Central China》，Frontiers in Earth Science（IF 2.689），Pub Date : 2021-03-03，DOI: 10.3389/feart.2021.656193.
杨树刚（第五作者）：《A new FTIR method for estimating the firing temperature of ceramic bronze-casting moulds from early China》，Scientific Reports（2021）11:3316，Pub Date : 2021-02-08，DOI：10.1038/s41598-021-82806-z.

赵宏（第二作者）：《Study on the Colouring, Microstructure, and Glaze Formula of "Ru-type ware" excavated from Qingliang Temple Kiln in Henan Province, China》，archaemetry（考古学）杂志网站发表，2021 年 10 月 29 日。

赵清坡：《河南淅川坑南遗址调查发现的石制品》，《人类学学报》2021 第 1 期。
赵清坡（第二作者）：《安徽裕溪河流域发现的石制品研究》，《东方考古》，北京：科学出版社，2020 年。

赵清坡（第三作者）：《后崴子北山地点发现的旧石器研究》，《辽宁省博物馆馆刊》，北京：科学出版社，2020 年。

赵文军：《唐代多子盘及相关问题研究》，《唐代三彩窑研究》，北京：科学出版社，2021 年。
赵文军（第三作者）：《浙江类型汉代铅釉陶器初探》，《唐代三彩窑研究》，北京：科学出版社，2021。

周立刚、 韩朝会、 孙蕾等： 《河南淇县宋庄东周墓地人骨稳定同位素分析》，《人类学学报》2021 年第 1 期。
周立刚、蓝万里等：《蒙古国后杭爱省高勒毛都 2 号墓地 2017—2019 年考古发掘简报》，《华夏考古》2021 年第 6 期。

周润山、齐雪义：《河南正阳铁佛寺遗址二里头文化遗存发掘简报》，《华夏考古》2021 年第 5 期。
周润山：《开封北宋东京城遗址考古工作概述》，《中韩城市文化遗产的调查研究与保护 2021》，2021 年。

3、C 类：报纸文章

魏兴涛：《仰韶村：开启探索史前文化的恢宏序幕》，《河南日报》2021 年 10 月 15 日。
魏兴涛：《仰韶文化：探源多元一体的中华文明》，《中国民族报》2021 年 11 月 20 日。

玖

学术交流

NINE

A类　本单位主办、承办的学术活动或培训

9月，贾一凡、张萍、宋振民等参加了本院主办的“考古寻夏”业务培训。

10月10日，由南阳市组织，中国考古学会新石器专业委员会、河南省考古学会主办，我院承办的“南阳黄山遗址考古发现专家咨询会”在南阳召开。

10月16日，赵清坡等参加河南考古青年学者沙龙。

10月17日至20日，由我院承办的“仰韶文化发现暨中国现代考古学诞生一百周年纪念大会和第三届中国考古学大会”在三门峡市顺利召开，我院多名业务人员赴三门峡参会并做专题发言。刘海旺在大会上做题为《河南百年考古发现与研究》的大会发言，并在古代城市考古专业委员会研讨会上做题为《黄河流域城市化进程中古代都城考古与保护的理念与方法探索》的专题发言。周润山做题为《开封州桥及汴河遗址考古发掘情况汇报》的报告，杨树刚做题为《郑州商城近年城市考古的若干思考》的报告，魏兴涛在中国考古学会新石器时代专委会会议上做题为《仰韶文化百年历程及其文明化成就》的报告，赵清坡在旧石器专业委员会分会场线上作题为《鲁山仙人洞遗址最新发掘》的报告，侯彦峰在动物考古专业委员会会议上做题为《骨头钻骨头——郑韩故城遗址制骨作坊出土骨钻头研究》的报告。

10月20日至12月24日，由河南省文物局主办，河南省文物考古研究院、城市考古与保护国家文物局重点科研基地承办的“2021年度河南省考古发掘技术人员培训班”在郑州顺利举办。本次培训班是在2019、2020年培训班取得良好效果的基础上继续开展的一次年度业务培训活动，来自全省14个地市文博单位的19位业务人员，分组至灵宝北阳平、登封王城岗、禹州瓦店、新密古城寨和郑州商城等五处遗址参加了培训。

11月3日，由河南省文物局主办，河南省文物考古研究院、洛阳市文物考古研究院承办的“2021年河南省文物勘探技术员培训班”顺利结业。来自省内15个省辖市及3个省直管县考古文博单位的96名业务人员参加了此次培训。

“2021 年度河南省考古发掘技术人员培训班”结业仪式合影

12 月 4 日，由河南省文物考古研究院主办的“2021 夏文化论坛”在郑州顺利举行，杨树刚参会并做题为《近年郑州商城研究的新进展与若干思考》的报告。

12 月，由河南省文物考古研究院主办的“2021 年度河南考古工作成果交流会”在南阳顺利召开，河南省内的多个考古单位赴会，多位考古工作者在会上发表了主题发言，对 2021 年度河南省的考古工作进行了介绍与总结。

12 月 24 日至 26 日，由河南省文物考古研究院和洛阳市文物考古研究院、城市考古与保护国家文物局重点科研基地主办的“2021 城市考古与保护论坛暨城市考古与保护国家文物局重点科研基地洛阳工作站揭牌仪式”在洛阳举行。来自中国社会科学院考古研究所、东南大学、河南省文物考古研究院、西安市文物保护考古研究院及开封市文物考古研究所等单位的十余位专家学者，以及河南省文物局、洛阳市文物局的领导受邀参加会议。会议举行了城市考古与保护国家文物局重点科研基地洛阳工作站揭牌仪式，与会专家学者分享了西安、洛阳、郑州和开封城市考古与保护工作方面的成果与经验，并就城市考古的重要性、城市考古的特点、城市考古的研究途径、城市考古与保护的关系、城市规划与大遗址展示利用等方面展开热烈研讨。杨树刚赴会并做题为《郑州商城近年城市考古与保护概览》的报告。

2021 城市考古与保护论坛暨“城市考古与保护国家文物局重点科研基地洛阳工作站”揭牌仪式现场

B类 参加外单位举办的学术活动或培训

1月16日，魏兴涛在“天中讲坛”做题为《仰韶文化与史前黄河文明》的学术报告。

1月19日，马俊才参加“考古中国”项目“湖南澧县鸡叫城遗址专家研讨会”。

2月23日，魏兴涛在河南大学历史文化学院做题为《仰韶百年核心成就》的学术报告。

3月19至21日，辛革参加“纪念中国考古学诞生100周年暨《江汉考古》创刊40周年学术研讨会”，并提交论文《身向寂寥那畔行：新百年考古编辑队伍的建设》。

3月23日，刘海旺应香港浸会大学历史系邀请，在线上做题为《从冶铜到冶铁——中华文明多元一体形成的标志和支撑》的学术讲座。

4月23至24日，李一丕赴山东菏泽参加山东大学与山东省文物考古研究院联合主办的“黄河文明与堌堆遗址学术研讨会”。

4月，周立刚应郑州大学、武汉大学之邀，参加学术交流活动，并介绍了中蒙联合考古项目最新研究进展。

5月6日，魏兴涛在由江苏省文物安全研究院举办的全国文物调查勘探培训班上讲授《考古调查勘探——工作规程与记录规范》。

6月5日，李一丕在河南大学黄河文明与可持续发展研究中心、黄河文明省部共建协同创新中心做题为《濮阳与黄河——兼谈近年濮阳考古工作新收获》的专题讲座。

6月25日，赵清坡参加全国第十五届科技考古学术讨论会。

6月29日至9月26日，赵清坡参加国家文物局举办的“旧石器时代高级培训研修班”，并获得结业证书。

7月16日，李一丕赴山东菏泽参加山东大学青邱堌堆遗址考古发掘成果论证会。

7月20日，刘海旺应河南大学历史文化学院邀请做题为《河南省夏文化考古新发现和研究》的讲座。

8至12月，吴伟华赴山西夏县参加国家文物局主办的田野考古实践训练班。

9月3日，魏兴涛在由中国社会科学院考古研究所等主办的“仰韶文化考古发现与研究”系列学术讲座上做第一讲：《从文化到文明化——仰韶文化百年历程及其文明化成就》。

9 月 14 日，刘海旺应郑州博物馆邀请做题为《百年河南考古：实证中华文明一脉相承》的讲座。

9 月 22 日，辛革参加中国社会科学评价研究院举办的“考古文博期刊专家委员会换届与期刊评价建设研讨会”，并获得“优秀专家”称号。

9 月 27 日，赵清坡参加国家文物局“考古中国”重大项目重要进展工作会，并做题为《河南鲁山仙人洞遗址重要发现与初步研究》的报告。

10 月 11 日至 14 日，陈家昌赴山西大同参加“文物保护与科技创新”院士论坛暨“文物保护交叉与融合”国际研讨会，并做题为《基于环境适应性保护下的文物本体保护生态系统的建立与优化——以保护新材料研发应用为例》的报告。

10 月，贾一凡赴安徽合肥参加第十届黄淮七省考古论坛并做题为《河南叶县余庄遗址考古收获与初步认识》的报告。

10 月 24 日至 25 日，马俊才参加“山西曲沃晋国早中期都城研讨会”，并做题为《晋国早中期都城寻找和晋国都城演变的一点看法》的报告。

10 月 20 日至 23 日，赵宏参加由中国古陶瓷学会和景德镇陶瓷大学主办，景德镇陶瓷大学艺术文博学院和景德镇市陶瓷考古研究所承办的“中国古陶瓷学会 2021 年年会暨首届“CHING·文化”高端论坛，并做题为《汝州张公巷窑址出土青花瓷的初步认识》的报告。

11 月 19 日，梁法伟在“中韩·韩中城市文化遗产的考古学研究与保护”学术研讨视频会议上，做题为《近年河南城址遗产保护实践与思考》的报告。

12 月 3 日，赵清坡在线上参加亚洲旧石器考古学年会。

12 月 5 日，刘海旺应郑州市图书馆天中讲坛邀请，做“这里是河南”系列文化讲座第二季·第四讲：《隋唐宋大运河——国家和文化的“宝带”》。

12 月，周立刚参加河南省科协主办的“第十四届海峡两岸科普论坛”，做题为《依托新媒体建设考古科普新平台》的报告。

12 月，周立刚参加安阳市文物局主办的“曹操高陵考古和历史研究新成果学术研讨会”，做题为《曹操高陵陵园与陪葬墓》的报告。

C类 其他

5月15日至17日，马俊才参加河北“国家社科重大项目行唐故郡遗址考古发掘报告开题会”。

6月21至23日，我院工作人员参加新县大别山干部学院本院组织的“河南省文物考古研究院党史教育学习班”。

7月10日，李一丕受邀赴南阳市方城县参加《长城国家文化公园（方城段）总体规划（2021—2025）》专家咨询会。

9月18日，李一丕受邀赴平顶山市叶县参加《长城国家文化公园（叶县段）建设保护利用总体保护规划》《叶县长城国家文化公园风景廊道提升规划》《中国楚长城数字化体验园》等规划报告的评审会。

9月26日，辛革参加省委宣传部在郑州举行的“河南省出版工作者协会第六次会员代表大会”。

10月22日，辛革作为特约专家出席省委宣传部在郑州召开的“关于召开全省宣传文化系统深入学习贯彻习近平总书记致仰韶文化发现和中国现代考古学诞生100周年贺信精神座谈会”。

12月28日，赵清坡在郑州参加鲁山昭平台水库扩容项目论证会。

马俊才完成了多项省文物局和省文物出境鉴定站委派的田野文物被盗被毁案件鉴定工作。

马俊才完成了5项国家社会基金项目成果鉴定工作及5项国家文物局国保单位基建项目评审工作。

李素婷参加河南省行政区划与地名学会组织的行政区划变更工作研讨会。

拾

机构设置

TEN

- 院长 刘海旺
- 党支部书记 沈锋
  - 副院长 魏兴涛
  - 副院长 杨文胜
  - 副院长 陈家昌
  - 副院长 胡赵建
  - 副院长 梁法伟
    - 综合办公室
    - 业务办公室
    - 史前考古研究室
    - 夏文化科研规划室
    - 夏文化考古研究室
    - 夏文化综合研究室
    - 商周考古研究室
    - 汉唐宋考古研究室
    - 科技考古研究室
    - 文物保护室
    - 文物修复室
    - 公共考古与对外交流室
    - 考古数字化技术研究室
    - 《华夏考古》编辑部
    - 考古资料信息室
    - 计财科
    - 保卫科